产业链治理

——基于青藏地区冬虫夏草的视角

汪延明　著

贵州财经大学经济学研究文库　资助

科学出版社

北　京

内 容 简 介

　　本书以青藏地区冬虫夏草为例，研究产业链治理，共分为十章，通过实地调研、数学建模、实证研究等方式，探索冬虫夏草的资源环境、冬虫夏草产业链利益主体间的关系、冬虫夏草产业链的治理机制设计、冬虫夏草产业链治理策略及政策建议。本书注重内容的真实性和有效性，通过数据、图、表进行阐述和分析，并将实证研究、案例研究结合起来，力图表述问题科学规范。另外，本书后面还附有实地调研的相关问卷，以便读者阅读和借鉴。

　　本书既可以作为普通高等院校产业经济学、管理学专业本科生和研究生教学参考资料，也可作为该领域相关专家、学者科学研究的参考资料。

图书在版编目（CIP）数据

产业链治理：基于青藏地区冬虫夏草的视角/汪延明著. —北京：科学出版社，2020.3

ISBN 978-7-03-058290-4

Ⅰ. ①产… Ⅱ. ①汪… Ⅲ. ①冬虫夏草-产业链-经济治理-研究-青海 ②冬虫夏草-产业链-经济治理-研究-西藏 Ⅳ. ①F326.12

中国版本图书馆 CIP 数据核字（2018）第 161041 号

责任编辑：马　跃　李　嘉/责任校对：王晓茜

责任印制：张　伟/封面设计：无极书装

科 学 出 版 社出版

北京东黄城根北街 16 号

邮政编码：100717

http://www.sciencep.com

北京虎彩文化传播有限公司印刷

科学出版社发行　各地新华书店经销

*

2020 年 3 月第 一 版　开本：720×1000　B5

2020 年 3 月第一次印刷　印张：7 1/4

字数：150 000

定价：68.00 元

（如有印装质量问题，我社负责调换）

前　　言

　　冬虫夏草具有较高药用价值，其治虚、补损等医学功效受到市场追捧，市场需求量大，但供给严重不足，导致其价格持续飙升。在治理机制不完善情形下，市场高价直接诱使冬虫夏草被过度采挖，破坏性采挖对高山草甸土中菌种的复壮和更新有致命伤害，畜牧业规模盲目扩大、传统非持续放牧方式也加速了冬虫夏草生存环境的恶化、冬虫夏草资源的濒危。伴随着冬虫夏草的供需巨差、价格上升，很多经济、社会、环境等问题随之出现。青藏地区陆续出台了相关法律、法规、规章制度，实行冬虫夏草限采政策，以保护生态环境。限采政策在一定程度上遏制了乱采滥挖行为，维护了草原生态健康，增加了农牧民收入，普及了生态保护意识，提升了保护冬虫夏草资源可持续发展的自觉性、积极性，但是依然存在很多问题。一方面，冬虫夏草产业链治理混乱，部分管理者伪造合法采挖手续，私自招揽大量外地民工采挖冬虫夏草。当地农牧民为了维护自身利益，对冬虫夏草区长时间反复采挖，并且牲畜数量增多及当前放牧方式，严重破坏了冬虫夏草的生长环境。另一方面，在冬虫夏草交易过程中存在以假乱真情况。由此可见，冬虫夏草产业链治理还需进一步完善。科学采收冬虫夏草、变革传统放牧模式、有效治理冬虫夏草产业链各环节迫在眉睫。本书采用问卷调研法、案例研究法、博弈论、实证研究法，研究冬虫夏草的产业链治理，探索稀缺性资源九种配置模式，分析政府与农牧民双边治理策略，探讨市场、政府、农牧民、黑市、大买家（收购商）多中心治理，构建产业链治理机制。

汪延明

2019 年 5 月 17 日

目　　录

第一章 绪 论

第一节 本书写作目的和意义

一、本书写作目的

冬虫夏草具有较高药用价值,其治虚、补损等医学功效受到市场追捧,市场需求量大,但供给严重不足,导致其价格持续飙升,在经济利益诱使下,冬虫夏草被过度采挖,致使菌种复壮和更新被破坏,同时畜牧业规模扩大超越了草原承载力及传统非绿色化放牧,使冬虫夏草生存更加艰难。在多种因素共同作用下,冬虫夏草资源濒危、质量下降。伴随着冬虫夏草的供需巨差、价格上升,引发了很多经济、社会、环境等问题。环境影响经济、社会的方方面面,是构建和谐社会的关键因素,也是五大发展理念的重要内容。实现绿色化,对青藏地区来讲,其特殊的生态地位、生态环境,决定了其面临的任务更加艰巨,保护青藏地区已经十分脆弱的生态环境需要更多的关注和更大的投入,特别是对于相对贫困的地区来说困难更大。保护冬虫夏草,保护生态环境,不仅有利于绿色化、可持续发展目标的实现,而且有利于调结构、转方式,提高全民环境保护意识。研究冬虫夏草的产业链治理,将为冬虫夏草产业链的绿色、健康、可持续发展提供理论支撑与实践路径,将为青藏地区的绿色化保驾护航,同时为消除贫困、精准扶贫提供政策依据。

二、本书写作意义

（一）现实意义

在冬虫夏草产业管理政策中,为规范冬虫夏草采挖,避免破坏性掠夺式采挖,保证冬虫夏草资源延续性,保护草原原生态,实现可持续发展,青藏地区陆续出台了相关法律、法规、规章制度,对冬虫夏草采挖数量进行控制,以保证绿水青山。关于冬虫夏草采挖数量进行控制的有关法律法规，对采挖行为规范起到了明显成效，很多采挖人员意识到了乱采滥挖可能导致的后果；对草原环境改善意义重大，农牧民长期收益也有了保障，普及了生态保护意识、提升了保护冬虫夏草资源可持续发展的自觉性、积极性。对于冬虫夏草，青藏地区在政策约束、行为规范方面不断完善，取得了一定成效，但是依然存在很多问题。第一，冬虫夏草产业链治理混乱。当地农牧民为了维护自身利益，对冬虫夏草产区长时间反复采挖，再加上草原承载力与自我恢复能力的有限性、牲畜数量的持续上升及传统落后的非绿色化放牧，对冬虫夏草的生存产生了威胁。第二，采挖人员众多，难于管理。青藏地区采挖队伍很多来自青藏各地，也有很多来自甘肃、四川，由于认知、文化、知识、技能差异，采挖能力、环保意识千差万别，恶性竞争导致破坏性采挖，同时采挖人员之间易产生冲突，在清山工作过程中管理难度更大。第三，在冬虫夏草交易过程中存在以假乱真情况。由此可见，冬虫夏草产业链治理还需进一步完善。为深入贯彻实施创新、协调、绿色、开放、共享五大发展理念，传统非绿色的放牧方式应彻底改变，引进科学知识进行理论与技术革新，实现放牧方式绿色化。在这个过程中，政府应积极引导，依托农牧民群众，凝聚力量有针对性地解决问题，以实现冬虫夏草绿色化、可持续发展。

冬虫夏草的生存环境较为苛刻，青藏高原局部高寒草甸地带是其青睐的生存地，海拔在 3000～5000 米，气候环境比其他地区恶劣：在一年中冻土期较长，基础设施不完善，经济发展还有较大提升空间。生活在此地区的多为少数民族，依靠传统农牧业、林业维持生活，而价格高昂的冬虫夏草就是其主要收入来源。调查显示，西藏近 1/3 的农牧民以冬虫夏草为生计，其经济来源的一半以上都是冬虫夏草。西藏嘉黎县、察雅县，是众所周知的国家级贫困县，农牧民收入来源均超过 70%是冬虫夏草。冬虫夏草的采挖为青藏地区脱贫致富提供了路径支持。大致统计显示，在青海冬虫夏草地区，冬虫夏草支撑了 4/5 农牧民的生计，农牧民收入的 50%～80%是冬虫夏草的贡献。牧民收入的一大来源是牧业，另一大来源是冬虫夏草。2005 年，玉树藏族自治州冬虫夏草收入达 3 亿元，牧民人均冬虫夏草收入达 800 元，超过其全年人均收入的一半。2005 年，河卡镇牧民每家冬虫夏草收入最低都超过 5 万元，平均收入 10 万～20 万元，有些牧民借此生活达到小康水平。

另外，冬虫夏草产业作为青藏地区的主导产业，对地区经济、社会发展具有导向作用。冬虫夏草作为优势稀缺药材，产品附加值低，若合理开采、运营、管理，能实现资源、产业、经济优势的一条龙传导。冬虫夏草通过加工为药品、保健品等，形成采挖、加工、销售一条龙产业链，将降低失业率，带动青藏地区经济发展，帮助农牧民脱贫，从而维护社会的和谐稳定。同时，冬虫夏草的可持续发展，将对地区自然环境等方面有重大影响。

（二）理论意义

本书的理论意义在于研究冬虫夏草的产业链治理，探索稀缺性资源九种配置模式，提出政府与农牧民双边治理策略，以及市场、政府、农牧民、黑市、大买家多中心治理，构建产业链绿色化治理机制。

第二节　本书写作内容

本书内容具体分为十章。

第一章为绪论，在明确本书研究目的和意义的基础上，提出研究的问题，指出研究内容、研究方法及技术路线、研究创新及不足。

第二章为文献研究，主要对准市场交易模式下政府和农牧民双边治理、多中心治理、产业链绿色化治理的相关研究成果进行概述。

第三章为青藏地区冬虫夏草资源环境研究，主要对地理环境、气候环境、分布环境、采挖环境、交易环境进行解说。

第四章为青藏地区冬虫夏草资源配置模式研究。该章首先对稀缺性资源模式各主体进行提炼；其次，论述稀缺性资源九种配置模式，并对冬虫夏草资源配置模式进行实证分析，得出相关结论。

第五章为冬虫夏草产业链中政府、农牧民、大买家的博弈。该章根据政府、农牧民和大买家行为构建博弈模型，得出政府、农牧民、大买家间行为关系命题。

第六章为冬虫夏草产业链利益主体间的作用关系分析。该章论述市场、政府、农牧民、黑市、大买家行为，对此进行研究假设、研究设计、实证分析，并得出相关结论。

第七章为措多乡和苏鲁乡冬虫夏草产业链治理经验。该章通过对西藏自治区那曲市（简称西藏那曲市）嘉黎县措多乡和青海省玉树藏族自治州（简称青海玉树）杂多县苏鲁乡的调研，提炼冬虫夏草产业链治理中的经验。

第八章为青藏地区冬虫夏草产业链治理机制的设计。该章对冬虫夏草产业链延伸机制、冬虫夏草产业链节约机制、冬虫夏草产业链高效机制的设计、冬虫夏草产业链健康发展机制、冬虫夏草产业链可持续发展机制的设计、冬虫夏草产业链绿色治理机制的设计进行了研究。

第九章为冬虫夏草产业链治理策略及政策建议。该章统筹前八章研究成果，站在政府、农牧民、中间组织、企业、信息技术等多角度，有针对性地提出冬虫夏草产业链治理策略及政策建议。

第十章为本书写作创新及展望。

第三节　本书写作方法及技术路线

一、本书写作方法

（1）文献法。本书通过系统搜集相关文献，厘清现有理论的研究思路，在此基础上得出本书所涉及的理论依据。

（2）问卷调研法。青藏地区冬虫夏草产业链治理研究涉及农牧民、大买家、企业、政府、行业协会、研发机构、市场、消费者等多个主体的信息，所以问卷要覆盖多个层面。由于原始资料稀缺，必须通过实地调查和访谈才能取得第一手资料。

（3）实证研究法。本书涉及的治理问题，大多数是探究产业链各节点间的作用关系，为此必须架构理论模型，通过实证检验才能发现问题。

二、技术路线

本书技术路线见图1.1。

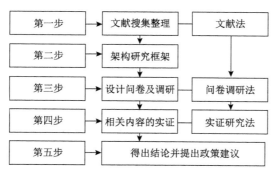

图 1.1 本书技术路线

第二章 文献研究

第一节 公司与农牧民利益博弈的相关研究

青藏地区冬虫夏草的采挖一般有三种组织形式：第一种组织形式，组织者招募农民采挖。自从国家倡导退牧还草以来，拥有草山使用权的牧民会在青海西宁和西藏拉萨等省会城市购买住房，每年将草山以几十万元的价格租赁给采挖冬虫夏草的组织者，组织者在农业区招募农民，以"工资+提成"（工资是提前以讲价形式确定的按日或按月计发的固定货币数量，而提成是采挖人将每天采挖的冬虫夏草全部上交给组织者后，组织者以每根冬虫夏草5元的价格再累计计发一定的货币数量）的形式进行采挖。第二种组织形式，牧民自己以家庭为单位进行采挖；农业区农民交纳较高的采挖费用后到固定地点进行采挖。第三种组织形式，政府政策限定（主要针对牧业区牧民解决生活贫困问题给予的政策，如青海省玉树和果洛藏族自治州每年5～6月对中小学放一个月的虫草假，要求学生去挖冬虫夏草）。这些采挖形式，最大特征是它的连续性，连续性采挖严重背离了冬虫夏草的生长方式，破坏了冬虫夏草的休眠周期（采挖一年，休眠1～2年），另外冬虫夏草市场价格没有趋于理性，严重偏离本身价值，高价格进一步助长了采挖者的财富偏好。乱采滥挖使冬虫夏草资源严重枯竭和假货泛滥。在上述背景下农牧民对冬虫夏草的采挖和销售，形成了较高的信任资产，一旦发生机会主义行为，信任资产的准租金就会被大买家所侵占，让农牧民处于不利地位。Grossman 和 Hart（1986）认为，信任资产投资一方存在被对方欺骗的风险，导致双方交易的混乱。在这种混乱期，将出现一种第三方来取代"敲竹杠"一方，变成准市场的代理者，其较强的谈判能力，提高了双方间长期受益的可能性，降低了短期的机会主义行为。随着准市场交易日益频繁，真正的市场交易将被挤压甚至出清，伴随而来的内幕交易使买方大受其利，交易费用减少和信息不对称，使税收受到严重侵害。买方将一部分信息（特别是价格信息）高度据为己有，在微弱的信任专用性资产面前，私下分享卖方红利。买方操控价格，在非商业资本或大买家面前弱势的卖方往往是价格的被动接受者，对紧俏资源来讲，这种操控的后面潜藏着价格背离价值的目的和意义，其手段是买方以低价格买进，然后囤积起来，造成短期内市场供不应求的假象，让市场承担高价格风险，掏空市场运作的资本，获取预期利润最大化。

由于农牧民没有形成组织化管理，其利益容易受公司和大买家的掌控。冬虫夏草作为特色农业，虽然还没有被纳入"公司+农牧户"或"公司+行业协会+农牧户"的产业链运作模式，但"大买家+农牧户"模式风行社会。针对这一模式中的不对等交易，诸多学者单纯从农民角度出发，认为合作社机制能够使农民应对不对等交易。Jos（2008）研究指出，合作社机制有利于提高农民的讨价还价能力。梁巧和黄祖辉（2011）从交易成本理论的视角研究了特色农业形成合作社机制的影响因素，认为影响因素压力作用下形成这一机制的可能性最大。黄季焜等（2010）研究发现，合作社服务功能与农民参与存在显著的正相关性。合作社还有利于农民学习和掌握更多的技术。针对订单农业的违约问题，巴雷特（Barrett）研究发现，企业虽然倾向于与合作社中的农民合作，但是企业担心承担自然灾害等不确定事件下的巨大成本。针对合作社机制的构建问题，亨德里克瑟（Hendrikse）还提出了农民的自治模式，该模式能较好解决农户的投资意愿和上下游利益分配问题。

综上所述，在准交易领域学者们的观点基本产生于交易双方的利益侵害方面，只探究形成的原因，几乎没有提出解决的办法和方案。虽然针对农民的利益侵害问题提出了成立农民合作社制度的方法，然而研究的理论针对性不强，更没有将政府的作用和农民的主导地位发挥出来，存在准市场交易研究的真空。本书正视青藏地区冬虫夏草产业链源头权利极不平衡这一现实，尝试在不对称纳什谈判框架下，将政府和农牧民作为治理结构的两个支点，引入"大买家"，通过理论厘清作用关系，由此构建冬虫夏草资源保护和开发的双边治理模式。

第二节　多中心治理的相关研究

从资源配置理论和实践来看，政府单中心治理层级节制、权责明晰，最后易演变为政府权力解决抑或市场力量解决。若市场失灵，则很容易陷入治理困境。

政府单中心治理最大缺陷是政策的"多方委托"行为冲淡了治理效率。为消除政府低效率管理，多中心治理最早由 Ostrom 等（1961）提出，治理主体摒弃单一化，政府权力层层分解下放的同时减小单主体权力，民主自治与协同治理相结合来解决社会问题。Tribe（1984）进一步指出了多中心治理主体的多元化、组织治理结构的网络化、治理目标的人性化、治理方式的"竞争-协调-合作"化等特征。可以理解为，群体利益需求的多样性和层次性诱发治理主体的多元化；政府、企业、社会组织等诸多主体之间不是简单的层级关系，而是为了直接表达需求，在谋求自由、多方向沟通中形成网络化；社会群体利益的最大化治理目标是人性化，在人性化特征影响下，每个主体进行利益博弈，展开生产、使用和维护产品的竞争，通过谈判、协商、制定契约、法律等形式达成一致行动策略，最后在共同愿景驱动下展开合作。多中心治理理论虽然产生于行政治理领域，但近年来，多中心治理研究已经在社会各个层面逐步展开。例如，Molle 等（2007）、Marshall（2009）从多维度、多利益角度研究水资源保护问题；Berkes（2006）研究了渔业问题；Ostrom（2010）研究了气候变化问题；Bixler（2014）研究了森林资源保护问题。这些研究都强调多中心治理体系有权威的多中心，它创造地方机构，同时通过加强监督、反馈回路和相关的制度激励机制，以在提高认识、行动和社会生态环境之间的配合方面提供发展机遇。多中心的治理路径也渐渐进入学者的视野，在自主治理方面，Ostrom（1999）强调，既定制度、承诺可信度、各方监督对于自主治理效果有很大影响；Wagner（2005）再次提出，多个个体在争取公共利益时，可以联合起来，进行整体决策，实现更高程度的自主治理。协同治理是多中心治理研究的又一路径，Ansell 和 Gash（2007）研究了协同治理的六个基本要素：提出对象是政府部分或机构；参与者中需包含非国家行动者；参与者需直接参与决策过程，而非仅被政府部门"咨询"；组织需是正式的，且有集体对话；目的是基于共识进行决策；协同以公共政策或公共管理为重点。在一个特定政府领域或规范中，政府和非政府行为参与方自发进行日常交流，这些参与方在交流过程中秉持公平、公正原则（Chi，2008）。对协同治理的理解，学者们的观点可分为对个人和组织的自主性（Imperial，2005）、规则重要性（Zadek，2006）、非政府组织和公民在决策过程中的参与程度（Cooper et al.，2006）等的理解。基于以上分析，Brinkerhoff J M 和 Brinkerhoff D W（2011）给出了协同治理的权威定义，即行为主体确定一致目的后，协同制定决策，参与方间组织结构呈现水平式，由此决定，诚信等道德关系约束下或者合同等法律限制下，协同作用效果由参与方共同承担。目前，国内对多中心治理的研究主要集中于理论解读（陈剩勇和马斌，2004；邓伟志和钱海梅，2005；杨志军和陆宁，2010）和简单的应用性探讨（张全红，2006；杨曼利，2006；李坤，2010）。上述研究立足于行政管理的需要，将公共产品的供给和需求作为目标，在宏观层面进行探讨，而且对一些理论主张的论证仅限于典型案例，缺乏微观层面的实证研究；对治理主体间的作用关系关注不足；将自组织间的合作简单看成协同，没有体现协同治理的真实内涵。在青藏地区冬虫夏草资源日益枯竭的背景下，以多中心治理中自主治理和协同治理为手段，构建理论模型，通过探讨不同潜在变量间的作用关系，一方面填补微观层面实证研究的空白；另一方面，力图探寻冬虫夏草资源绿色化可持续发展路径，以有效解决环境保护和短期利益之间的矛盾，实现冬虫夏草资源的绿色可持续发展。

第三节　产业链绿色化治理的相关研究

产业链理论源自中国，国外不是研究产业链，而是研究产业链的内含链——价值链和供应链（汪延明和杜龙政，2010）。国内对产业链的研究可谓汗牛充栋，在中国知网输入"产业链研究"，截至 2018 年，搜寻到的文献为 84 731 篇，基本趋向于产业链概念界定、产业链整合、产业链优化、产业链协同、产业链架构等诸多方面。基于国外将价值链和供应链作为主要的研究方向，因此，治理也紧紧围绕这两个层面展开。国外价值链治理起步于 Gereffi（1999）提出的价值链治理模式，他将治理界定在决定价值链内在环节的权力和权威关系层面，并从治理者的视角提出了基于生产者和消费者的两种驱动型治理模式。由于这种治理模式来源于对发达国家处于领导地位的企业控制商品链问题的讨论，后来研究者们对这两种治理模式的有效性和相关性产生了许多质疑。Humphrey 和 Schmitz（2000）提出价值链各节点之间的关联关系可以通过全球价值链来治理，这种观点是站在模块化价值链角度的。基于此，全球生产网络也就演变为四种治理模式——市场型、网络型、准等级制、等级型。Gereffi 等（2005）又提出了全球价值链的五种治理模式——市场式、模块式、关系式、领导式和等级制，并研究了相关的治理机制，认为市场式表现的权力关系基本均等，价格机制发挥治理作用；

模块式反映了消费者、厂商追逐自身利益最大化的同时实现共赢，治理机制是一种柔性契约；关系式在价值链中表现出一种相互信赖和相互依存，治理机制是信任和规则；领导式的相互依存程度更高，治理机制是严格的标准和规则；等级制表现为价值链关系不等，厂商等级越高，在所有权分割中将享有越大的话语权。目前，治理停留在定性研究阶段，针对 Gereffi 等（2005）指出的五种治理模式进行分解延伸，但未实现量化，只是用社会学和管理学的方法进行定性描述，对价值链治理的本质特性分析较少。而国内对价值链治理的研究才刚刚起步，基本处于对概念、模式的借鉴和吸收阶段。李月娥（2005）对价值链治理进行了解读性研究；文嫣和曾刚（2005）对国外价值链治理模式进行了分析；黄永明和聂鸣（2006）用文献综述形式研究国外价值链治理及产业集群升级问题；程新章（2006）着重探讨了价值链治理中的质量惯例；龚三乐（2009）针对企业升级，研究和介绍了价值链治理的重要性；潘豪（2010）探索价值链治理时强调人文与权力的运用，特别是针对中国文化进行了研究。

供应链治理的相关研究比价值链治理起源更早，国外学者在研究供应链治理时，侧重研究治理机制与治理结构。

治理机制的研究主要有关系、契约、激励和信任四种。Dickson（1966）首次提出了合作伙伴间的关系治理，他认为必须有一种准则来维系研究供应链中伙伴的选择和关系问题。Pasternack（1985）侧重研究了供应链契约定义、运用回购契约协调供应链上企业间双重边际化问题。Paul（2005）认为，信任一方面替代合约减少交易成本；另一方面降低逃避、谎言等道德风险、代理风险，并降低知识公共产品属性背景下的各种风险。并且，对于"只可意会不可言传"的知识来说，信任是进行有效的知识交流的先决条件。当知识在业绩中扮演越来越重要的角色时，理性人治理机制中信任就变得尤为重要。治理结构则侧重于对影响因素的研究，Williamson（1985）提出交易成本决定了治理的结构，按交易成本的大小演变出市场型、混合型和科层型三种治理结构，而且市场型和混合型伴随交易成本相互转化。Walker 和 Poppo（1990）根据技术创新因素研究供应链治理结构，认为技术的创新能力和创新程度与供应链的治理结构显著相关。在国外治理结构研究基础上，我国学者认为企业要素、关系要素、环境要素对治理结构尤为重要（吴平，2003），王晓文等（2009）将其归类为企业、环境、交易特点和双方关系四个影响因素。

在产业链治理层面，近些年国内学者研究较少，张雷（2007）的研究结果显示产业链纵向关系、安排是针对同一产业链上不同环节、不同企业的。于立宏和郁义鸿（2010）根据纵向结构特点，研究煤电产业链的价格问题，指出为保证产业链外部传递机制效率，必须使组织机构完整、控制手段明确。汪延明和杜龙政（2010）提出，产业链治理应该包括治理结构和治理机制两大块，治理结构是政府、核心企业、节点企业间的相互制衡结构；治理机制可以分为信任治理机制、创新治理机制、协同治理机制、竞合治理机制、自主治理机制。这些治理机制在不同文化、经济、区域、资源等环境中可以相互转化、相互交融，产生新的、更广意义上的治理问题。由此，汪延明（2015a）研究产业链技术创新时，认为产业链的技术创新必须建立在节点企业间的协同基础上，用专用性资产、人际关系、制度等连接而成的牢固信任关系来分散技术研发的风险，实现产业链纵向一体化的制度安排。在传统产业改造升级、工业 4.0 背景下，产业链治理方面已经注入了新的研究内涵，突破传统观点，将绿色化问题嵌入产业链治理之中，并在此基础上做验证性或实证研究显得尤为必要。

第三章　青藏地区冬虫夏草资源环境研究

第一节　地理环境

青藏高原高耸入云、山脉连绵不绝、区域面积达到 250 万平方千米，跨越 31 个经度、东西约 2700 千米，纵贯约 13 个纬度，南北约 1400 千米，包括中国的西藏、青海、四川、云南等省（自治区）。青藏高原可谓高原之巅，平均海拔在 4000～5000 米，别名"世界屋脊""第三极"。环绕青藏高原区域及其自身，都是连绵的山脉，更有冰川、湖泊、沼泽遍布。藏北高原、藏南谷地、藏东高山峡谷区是其不同区域。青藏高原对地理环境有多方面的影响：第一，冰川随处可见；第二，气候高寒，高原农牧业是特色产业；第三，太阳能资源丰富；第四，食盐、钾盐、石膏等矿产资源丰富；第五，东亚季风强；第六，西北内陆易干旱。总体而言，青藏地区海拔高、山地垂直分布，属于高原山地气候，地质环境繁杂。

冬虫夏草（*Ophiocordyceps Sinensis*）是由冬虫夏草菌侵染蝙蝠蛾属（*Hepialus*）形成的虫菌复合体，别名虫草，是世界上独一无二的品种。目前，优质冬虫夏草数目较少，是一种稀有珍贵药草，在西藏、青海、云南、甘肃、四川等地，分布在海拔 3000～5000 米的部分高寒草甸地带。最早可以追溯到公元 710 年，《月王药珍》认为其可治疗肺病；公元 780 年，《中华藏本草》认为其滋润肺部、滋补肾脏作用明显；18 世纪后期，《本草纲目拾遗》中记载，冬虫夏草可与人参媲美。之后，关于冬虫夏草的功效，绝大多数学者认为冬虫夏草能治虚、补损。青藏地区冬虫夏草如图 3.1～图 3.4 所示。

图 3.1　冬虫夏草（一）

图 3.2　冬虫夏草（二）

图 3.3　冬虫夏草（三）

图 3.4　冬虫夏草（四）

第二节　气候环境

　　青藏高原由于地势高，呈现一定气候特点。第一，青藏高原较全国其他地区温度较低，早间、晚间温差也比较大。一天中平均阳光照射时间长，紫外线辐射也较强。第二，这里的冬天与同纬度东部地区的冬天相比，温度低 18～20 摄氏度。这里的夏季气温在全国也是最低的，在 8～18 摄氏度波动。第三，年内降水差异大。4～9 月，雨量充裕，然后降水量从东南向西北高原内部逐步减少。10 月到次年 3 月降水量很少。青藏地区纬度与长江中下游、黄河中下游地区几乎没有差异，但高地势成就了高原气候，进一步形成了奇异壮观的高原山地自然景观。冬虫夏草集中分布在海拔 3000 米以上，这里处于典型的青藏高原气候区。

第三节　分　布　环　境

在金沙江、怒江、澜沧江三江流域局部有冬虫夏草，四川凉山以西，西藏普兰以东，甘肃岷山以南，喜马拉雅山和云南玉龙雪山以北也发现了优质的冬虫夏草。冬虫夏草生长条件要求苛刻，主要分布于青藏高原及边缘地区，包括西藏、青海、四川、甘肃、云南等省（自治区）。西藏、四川冬虫夏草的产量大约各占全国冬虫夏草产量的 2/5，云南和青海冬虫夏草产量各占市场份额的 1/10 左右[①]。冬虫夏草一般生长于海拔 3000～5000 米的山地灌丛草甸和高山草甸中，这里土壤肥沃、疏松，土层深厚，水分适中。冬虫夏草生长环境苛刻，受到海拔、气候、温度、湿度、光照、土壤、植被等环境的制约，其中，温度和降水量为主要影响因素，在海拔 3000～5000 米区域冬虫夏草分布较广。据医书记载，冬虫夏草根据药理不同分为藏草、川草、炉草、灌草和滇草。藏草主产于西藏北部，川西北和滇西高寒地区川草分布较多，四川巴塘、理塘一带炉草较多，四川松潘主产灌草，滇西一带主产滇草。冬虫夏草的寄主昆虫有很多不同种类，但多为蝙蝠蛾科、蝙蝠蛾属昆虫。在 20 世纪末期，冬虫夏草的产量还很多，据资料记载，1997～1999 年西藏年均产量为 121 487 千克，青海年均产量为 30 000 千克。但近年来，冬虫夏草产量呈现急剧下降趋势，质量也不如以前。

畜牧业的大规模扩大，破坏性放牧，使得草场环境恶化，冬虫夏草锐减。20 世纪末后，牲畜数量大规模扩张，而草场承载量、恢复力有限，青藏地区过度破坏性放牧严重破坏了草场植被，并影响了冬虫夏草寄主昆虫的生存。牲畜增加，受自然环境约束，放牧期间放牧地不断变化，人类生活场所、牲畜歇息场所不断变化，放牧牛羊的场地面积扩大，人畜践踏、雨水渗透导致一些地区生存的冬虫夏草寄主昆虫消失殆尽。牲畜群的活动对冬虫夏草的损害更为严重。以牦牛群为例，每年 5～9 月，牦牛群数量众多，边行走边啃草，导致其反复觅食践踏草场。冬虫夏草一般生长在牧草茂盛的地方，而这个地方也是牦牛群觅食的主要场所。冬虫夏草的生长要经历寄主昆虫化蛹期、羽化期、产卵期、卵期、幼虫孵化期、进入土表层期，而其中的每个时期都可能因为牦牛群的活动受影响。在西藏地区，牦牛群反复破坏草皮层，经雨水冲刷后，造成了严重的草场沙化现象，高山草甸的草皮层首当其冲。

---

① 《冬虫夏草的价格》：https://wenku.baidu.com/view/822628ff941ea76e58fa04e3.html，2019 年 5 月 10 日。

近年来，草场植被受损，导致冬虫夏草个体弱小、质量大打折扣、数量减少。20 世纪中期，在海拔 3500 米以上冬虫夏草分布广泛，而在 21 世纪，在海拔 4500 米以上冬虫夏草零星分布，冬虫夏草分布密度大幅下降。

第四节　采挖环境

一、采挖现状及问题

我国冬虫夏草的产量超过世界总量的 98%，西藏、青海、四川、云南、甘肃为主要采挖区。而目前，乱采滥挖、环境受损、菌源枯竭现象严重，资源趋于濒危。在利益激励下，当冬虫夏草采挖季节来临时，无数采挖者在冬虫夏草产区搭建帐篷、组建食宿区，还有一些采挖者组建团队轮流采挖。对每块土地反复采挖，有的刚出土、尚未成熟的冬虫夏草也被采挖殆尽。这样不计后果的地毯式采挖，致使冬虫夏草菌无法持续繁衍，进而菌群濒危、枯竭，导致冬虫夏草产量逐年递减。中国科学院西双版纳热带植物园对西藏、青海、四川和云南等省（自治区）的冬虫夏草进行了考察研究，发现冬虫夏草采挖量逐年递减，以前冬虫夏草密集区现如今冬虫夏草却极为罕见。冬虫夏草的成熟期、采挖期正值高原草甸生长的恢复期，其破坏性采挖将不利于草甸的恢复。据报道，采挖一根冬虫夏草，周围超过 30 平方厘米的草皮将被破坏。若冬虫夏草采挖期为 50 天，每人每天平均采挖 30 根，1 名采挖者 1 年将破坏将近 4.5 平方米的草皮。高原地区鼠害、大风也会加速水土流失、草场沙化。而采挖人员在草甸区搭帐篷、砍伐灌木等活动，会进一步破坏环境。据估算，砍伐灌木生火、采挖时践踏、车辆碾压、搭帐篷、生火等日常采挖活动，1 名采挖者当年破坏草地面积超过数千平方米。虽然采挖行为在不断规范，有关部门对其进行了一定程度的控制、管理，但是生态环境保护与冬虫夏草采挖的矛盾依然激烈，仍需加大对这种矛盾的重视程度，规范采挖行为。

其中，冬虫夏草主产区为西藏和青海。五月，冬虫夏草生长期开始；六月，冬虫夏草成熟、质量最好。在利益诱使下，采挖者通常五月开始采挖，而五月降水过于集中，采挖本身对山体破坏严重，而不当采挖易导致山体滑坡、水土流失、山地沙化。西藏生态环境本身较差，山坡植被厚度不到 20 厘米，恢复能力也较差。采挖者在高价利益诱使下大量采挖，多使用军用铁锹、镢头和小铲连草皮深挖 20 厘米左右，而冬虫夏草分布集中，最密的地方每平方米可以发现 10～20 根，因此，采挖时常将虫体与周围草皮一起挖起，之后再抖落草皮，深坑无人处理，加速了草场退化和水土流失。草皮和土随意抖落，一方面遮盖了完好的植被，影响其正常生长；另一方面，裸露的坑洞容易沙化。冬虫夏草蝙蝠蛾属的一个生活周期需要至少四年，提早过度采挖冬虫夏草，一方面冬虫夏草质量较差；另一方面，影响冬虫夏草持续生长。采挖期，采挖者在山上山下安营扎寨，用灌木做饭烧茶，多地灌木被砍伐殆尽，露宿地垃圾遍地都是；采挖者成群结队迈过每片土地，以前人们都不会采挖空瘪的冬虫夏草，但现在人们对于冬虫夏草质量考量较少，而是追逐冬虫夏草数量，在任何时期、任何地点，冬虫夏草都被采挖得一干二净。这种破坏性采挖使得冬虫夏草生存环境急剧恶化，采挖质量每况愈下。由此可见，青藏地区冬虫夏草资源乱采滥挖会导致青藏地区独有的物种濒危，破坏了生物多样性；而冬虫夏草的采挖期正是草场恢复的关键时期，不当采挖对草原长期健康发展破坏性极大；采挖者通常在草原搭建帐篷、生火做饭，会给原本脆弱不堪的高原环境带来巨大压力，造成无法挽回的伤害。采挖情况如图3.5～图3.10所示。

图3.5　采挖者为方便挖冬虫夏草，将家搬到山上　　　图3.6　采挖者寻找冬虫夏草

图3.7　采挖者采挖冬虫夏草（一）　　　　　图3.8　采挖者采挖冬虫夏草（二）

图 3.9　采挖者中途休息　　　　　图 3.10　采挖者反复采挖冬虫夏草

二、采挖环境的改善

在放牧方面，应关注草场载畜量，控制牲畜数目，管理游走式放牧；在冬虫夏草采挖方面，应避免盲目、破坏性采挖。春夏季节牦牛群对脆弱的生态环境来说，无疑是一颗定时炸弹，对冬虫夏草的生产存在巨大危害。因此，应该充分把控草场承载力，限制放牧数量。可以让放牧、休牧交替进行，给冬虫夏草一个生存的空间；也可以实现牲畜的圈养，人工添加牧草饲养。也就是说，要改变传统放牧方式，以实现草场保护、冬虫夏草产业和牲畜业的均衡发展。在冬虫夏草的采挖方面，近年来，冬虫夏草的采挖呈现以下特色：第一，采挖人员多而杂，产区、非产区的农牧民等都对冬虫夏草表现出极大兴趣。对于青海产区，每年有青海、四川等地的众多农民加入采挖队伍中。第二，采挖周期长，冬虫夏草尚未成熟前，采挖人员已经开始工作，而到成熟期，无数采挖人员都在反复进行地毯式搜寻，直至挖完最后一批冬虫夏草。第三，采挖过度。每一块草地都进行过无数次翻挖，直至采尽。因此，科学采挖、把控采挖时间至关重要。冬虫夏草有头草、二草、三草之分，为了确保冬虫夏草的持续生长，头草、二草可以采挖，三草应该禁止采挖，这才利于冬虫夏草菌种源的复壮，同时把控冬虫夏草的成熟期，禁止未成熟时盲目开采，破坏环境。而且在目前市场机制还不完善的情况下，地方政府更要加强监管。

第五节　交　易　环　境

20 世纪末开始，冬虫夏草一直受到消费者追捧，市场价格不断上涨。青海省冬虫夏草协会会长表示，20 世纪末，优质的冬虫夏草每千克 21 元，2007 年就已上涨至每千克 20 万元。2008 年后，冬虫夏草价格渐趋稳定，为每千克 18 万～20 万元。在市场机制不完善的情形下，经济利益诱使下，出现了黑幕交易及假冒伪劣产品，侵害了消费者利益，市场鱼龙混杂。在市场化冲击下，由于冬虫夏草质量认证成本高，零散的小规模经营逐步走向衰落。市场上冬虫夏草遍地都是，但大部分消费者自身难以辨别真伪，所以质量难以保证。2009 年 6 月，西宁市青海新千国际冬虫夏草大世界营业，冬虫夏草质量评级检测、包装、销售等服务趋于完善，其总投资 1.2 亿元。一年后，青海玖鹰冬虫夏草国际交易中心营业，1072 个固定交易店铺面市，营业区内金融机构、监管机构、物流服务机构等应有尽有，配套服务设施较为全面，服务系统、管理机制都走向规范，投资达到 7.1 亿元。2009 年，西藏拉萨经济技术开发区建立大型冬虫夏草批发交易市场、那曲虫草交易市场。拉萨大清真寺回民区的冬虫夏草交易市场也被当地人熟知，是当地最大的交易市场。在街道边，可以看到空簸箕，三两人围坐在一旁，这是冬虫夏草商家在等待卖家。这些卖家很少是原始采挖者，因为采挖量有限，难以规模贩卖，处于产业链低端，相当一部分只获取少量廉价劳动成本。这些原始卖家采挖的冬虫夏草大部分都被集中收购后再次贩卖。交易情况如图 3.11 和图 3.12 所示。

图 3.11　商家静候冬虫夏草卖家　　　图 3.12　买卖双方讨论冬虫夏草品质、价格

另一种交易形式是，冬虫夏草采挖人将冬虫夏草散落在地上，用计算器算出产品总价后，用拉袖式交易，即利用衣服等作为遮挡，用摸手指等隐蔽方式交易，当然也有道路旁随地交易的。交易情况如图 3.13 和图 3.14 所示。

图 3.13 冬虫夏草采挖者用计算器计算价格　　图 3.14 冬虫夏草采挖者与买家商讨价格

更多冬虫夏草以地摊方式随意售卖，但昂贵的冬虫夏草被装入精品盒后价格倍增。交易情况如图 3.15 和图 3.16 所示。

图 3.15 路边售卖冬虫夏草（一）　　　　图 3.16 冬虫夏草装入精品盒

玉树也有一个人们熟知的冬虫夏草交易市场，每天都有大量的冬虫夏草进行交易。交易情况如图 3.17 和图 3.18 所示。

图 3.17 路边售卖冬虫夏草（二）　　　　图 3.18 冬虫夏草称重

第四章　青藏地区冬虫夏草资源配置模式研究

青藏地区冬虫夏草产业链极不稳定，造成不稳定的原因是什么？本章通过资源配置模式的路径，探讨现实的产业链现状，为后面章节的研究提供理论根据。

第一节　稀缺性资源模式各主体的提炼

稀缺资源分配一直是学者关注的话题，也是现代经济学的核心。市场、企业和政府通常是资源配置的主体（王洋，2009）。市场资源配置中，追逐个人利益的"经济人"在价格引导下的市场中有效配置资源（斯密，2012）。稀缺资源配置的限制因素较多，又关乎市场机制完善性，但在实际生活中市场条件并不完备。因而，实际市场机制是不完善的，市场严重失灵、高度垄断、黑市交易行为屡见不鲜。稀缺资源配置各方面限制因素多，这也间接反映出市场机制的完善程度，实际生活中市场机制并不可能达到完全、完美，冬虫夏草市场也会出现各种混乱状态，市场垄断、黑色交易并不鲜见。一旦市场失灵，拥有资源的所有者选择在企业中配置资源，企业中实现的纵向一体化通过价格的调整，降低交易费用，由此可以取代市场交易（威廉姆森，2016），但企业配置资源风险大，"生产要素合约"替代"企业合约"的程度是一个很难权衡的问题（张五常，1999），若实际市场环境下，生产要素分配难以具体量化，则企业替代市场的可能性会显著增加；反之，企业替代市场配置资源的可能性会减小，特别是市场失灵较严重的阶段，企业也在某种意义上存在失灵，这种情况下，第三方交易者（本书称其为大买家）替代企业来配置资源。当市场和企业都失灵时，政府作为一个超级企业，通过行政决定影响资源配置。在一些特殊行业，当政府配置资源的成本低于市场交易成本和企业内部的管理成本时，政府管制可以有效解决失灵问题（王洋，2009），但政府管制带有明显的偏好界限，关键在于政府管理资源的人员并不拥有私人产权，资源配置带来的损益与其无关，当激励不足或监督成本太高时，政府相关人员对经济利益、社会关系等反应较为迟钝，政府或组织都可能制定一些管理方法，政府并不能起到主导或决定的作用。青藏地区冬虫夏草利益主体并不复杂，但在实际市场环境下，会演变出各种资源配置模式。

为了研究青藏地区冬虫夏草资源配置模式，要对显性化交易与黑市交易、企业与大买家、政府与协会（组织）等概念进行简单界定。

第二节　显性化交易与黑市交易

一、显性化交易的概念

显性化交易也称为公开化交易或显露交易，它是指政府允许的合法性交易。

二、黑市交易的理论界定

黑市交易有狭义和广义之分。广义的黑市交易也称地下交易，它是指逃避税收和政府的各项管制，或未向政府申报，或未被政府统计和掌握的各项交易活动（金明路，1998）。狭义的黑市交易的特征主要表现为以下几点。

（1）它是一种逃税交易。虽然从理论上讲，黑市交易不等同于逃税交易，在税法上对黑市交易的收入也没有特殊的免税规定，但在现实经济中，不能期望黑市交易所带来的收入会自觉地申报纳税。事实上，几乎所有的黑市交易都是逃税交易。

（2）它还是一种隐蔽交易。由于市场主体交易行为的非法性，其交易活动都是在地下进行的。有的交易主体直接营造地下场所从事违法交换，提供违禁产品和服务，有的交易主体则以地上合法场所作伪装，披着合法的外衣偷偷地从事违法的交易活动。

（3）从交易活动的结果来看，它是一种暴利交易。黑市交易一方面逃避税收和政府的各种管制，使交易成本相对较低；另一方面又主要提供政府禁止、地上合法交易不能提供或市场短缺的产品和服务，销售价格相对较高，从而使得黑市交易的利润率远远高于地上合法交易的利润率。

三、黑市交易与显性化交易的区别

（1）黑市交易行为的违法性十分明显；而显性化交易行为合法。

（2）黑市交易的交易客体可能只能用来满足人们对稀缺商品或违禁物品的需求；而显性化交易是用来满足人们对正常物品的需求的。

（3）黑市交易的价格比较复杂，当黑市交易的交易客体是稀缺商品或违禁物品时，因其交易活动的高风险性和交易活动的不公开性，价格往往较高；而显性化交易的价格则普遍低于竞争市场价格。

（4）显性化交易活动往往都有掌握交易管制权力的政府官员或公务人员参与，而黑市交易活动一般不是这样的。

黑市交易活动采用各种违法或不正当的交易方式，破坏了正常的市场交易规则，扰乱了市场经济秩序。黑市交易活动在流通领域逃避政府的各项管制，采用各种不正当的、非法的交易方式销售各种假冒伪劣产品，一方面严重损害了地上合法企业的声誉；另一方面又损害了消费者的利益，更为严重的是造成了市场秩序的极大混乱，致使竞争机制等市场机制不能正常发挥作用，当黑市交易达到一定规模时，整个市场经济环境将因此而被毒化，从而诱导其他交易主体也采用弄虚作假、诈骗等不正当或非法交易手段牟取利润。黑市交易扰乱了社会资源的合理分配，导致整个社会资源配置效率的下降，造成社会资源的极大浪费。黑市交易活动既不是依靠市场机制作用的正常发挥，也不是通过政府的计划分配，而是通过投机等不正当手段取得资源。黑市交易在加剧消费膨胀、推动畸形消费、损害消费发展的同时，妨碍社会大多数人生活水平的提高。

第三节　　企业与大买家

一、企业的概念及角色

企业是生产力的具体组织者，是生产关系的直接承担者。它具有独立的法人资格，自主经营，自负盈亏。在法人治理框架下，企业拥有双重角色，既扮演国民经济的经济细胞，又扮演落实制度、文化建设的社会细胞（黄万宾，1990）。

二、大买家的概念及角色

大买家也称为个人中间商，是指游离于显性化交易市场与黑市交易之间，以赚取双重差价为手段，实现个人利益最大化为目的的人。大买家的角色根据不同层面划分为：①收购商的角色。这种角色主要体现在资源拥有者远离终端消费者，在获取和收集信息方面具有先天不足的情况下，市场的不确定性因素进一步加剧了资源拥有者接收和处理信息的困难程度，使得二者之间的信息更加不对称，大买家有了利用信息优势投机的可能。②加工商的角色。当大买家收购的初级产品还有进一步的包装价值时，拥有包装技术的大买家自行通过家庭式生产包装品，通过分类核心产品，并将其包装，然后销售。③销售商的角色。销售的渠道一般分为两种，一种是简易包装下的批量销售，通过暗渠道将货物发到外埠市场销售；另一种是大买家在显性化的交易市场拥有自己的商铺，在商铺中销售。

三、企业与大买家的区别

（1）大买家具有先天的投机偏好，Wathne 和 Heide（2000）认为交易一方特质或行为的信息不对称是引起渠道投机行为的重要原因之一，信息优势方可以利用对方的信息弱势，进行欺骗性的投机行为。而企业则是在契约框架下通过一系列制度约束进行经济活动。

（2）大买家在黑市交易中违法经营；而企业不能从事黑市交易，也不能违法经营。

（3）大买家的许多交易逃避了交税；而企业则没有逃避交税。

（4）大买家的交易是追求短期利益；而企业则追求长期利益。

第四节　政府与协会

一、政府的概念

张英俊（2004）认为，政府依据法律设立、变更和运作，实现政府组织的合法化、规范化、程序化，以提供服务和公共产品为己任。政府的基本特征和价值取向是有限政府、统一政府、服务政府、透明政府、诚信政府与责任政府。这些价值取向中责任政府是核心，这也是当今法制化政府治理的要求。政府必须对人民负责，回应社会和人民的正当要求并积极采取行动加以满足，必须承担政治责任、道德责任、行政责任、诉讼责任和赔偿责任。本书强调政府的行政责任，其用来行使权力、管理社会、约束其他组织和个人的行为。

二、协会的概念

协会是为达到行业的共同利益目标组织起来的有会员参加的一种非营利性的、非政府性的、自律性的社团法人组织（宋子慧，2004）。贾西津等（2004）将协会在社会结构中的定位与其功能结合起来分析，认为：协会在功能本质上与企业一样，均是降低交易成本的产物；我国目前的行业协会由于产生于不同的国家与社会关系模式中，表现为自上而下、市场内生和中间模式三种形态，相应地体现了降低不同方面交易成本的功能，从而形成行业协会的不同功能定位。协会的特征表现为会员性、行业性、自律性、非政府性、非营利性。其功能为服务功能、协调功能、沟通功能。本书将协会作为协会组织处理。

第五节　稀缺性资源九种配置模式

本书得出稀缺性资源演化路径（图4.1，图中市场是指显性化交易市场，组织是指协会组织），由演化路径可以组合出九种资源配置模式（表4.1）。第一种模式由于显性化交易市场不健全，而且资源的拥有者（即农牧民）远离交易场地、信息不完全等原因，滋生了黑市交易，显性化交易市场处于从属地位；第二种模式反映显性化交易市场不健全，大买家利用自己的信息优势和对方的信息弱势，进行欺骗性的投机行为，变成市场代理者，显性化交易市场处于委托者地位；第三种模式在显性化交易市场不健全状态下，协会组织扮演"中间人"的角色，通过寻求有效市场和消费者来替代显性化交易市场；第四种模式黑市的交易费用小于企业内部的管理费用，黑市取代企业，企业处于从属地位；第五种模式反映大买家的交易费用小于企业内部的管理费用，大买家的投机性、无约束性、便利性、灵活性往往能取代企业，而成为交易的主导者；第六种模式中协会组织的会员大多数是资源的拥有者和经营者，而且协会组织通过介绍中间商来替代企业；第七种模式政府政策和监管不到位，黑市交易猖獗，显性化市场没有被培育起来；第八种模式大买家扮演企业和市场的角色，通过自己的"私人关系"与资源的拥有者直接交易，逃避政府监管，牟取暴利；第九种模式组织替代政府的管理，通过提高谈判能力，间接削弱大买家或黑市的交易。

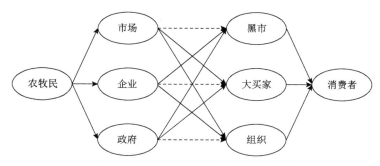

图 4.1 稀缺性资源演化的配置模式图

- ->表示演化路径； —→表示关联

表 4.1 稀缺性资源配置模式表

种类	资源配置模式	主导方式
第一种	农牧民—市场—黑市—消费者	黑市主导
第二种	农牧民—市场—大买家—消费者	大买家主导
第三种	农牧民—市场—组织—消费者	组织主导
第四种	农牧民—企业—黑市—消费者	黑市主导
第五种	农牧民—企业—大买家—消费者	大买家主导
第六种	农牧民—企业—组织—消费者	组织主导
第七种	农牧民—政府—黑市—消费者	黑市主导
第八种	农牧民—政府—大买家—消费者	大买家主导
第九种	农牧民—政府—组织—消费者	组织主导

第六节 青藏地区冬虫夏草资源配置模式

关于青藏地区冬虫夏草资源（集稀缺性与紧俏性为一体）配置模式选择问题，本节采用问卷调研方法和均值的显著性判断来选取。具体做法：我们将表 4.1 补充第 4 列并加上 1～5 的利克特量表，对每一种模式进行打分，认同度强的分值高；反之，分值低。问卷的发放比例确定为农牧民 30%；冬虫夏草市场中的店面商人 25%；冬虫夏草加工企业 10%；政府及科研机构（主要为草原管理部门、国土资源部门、畜牧科学院、农业厅、税务部门、工商行政管理部门等）15%；黑市交易比较隐蔽，主要通过大买家来搜集数据，因此大买家 10%；协会组织（冬虫夏草行业协会、村庄管理协会、环境保护协会等）5%；消费者 5%。共发放问卷 600份，整理过程中剔除无效问卷 28 份，有效问卷为 572 份。表 4.2 是问卷的描述性统计和均值的显著性水平。

表 4.2　冬虫夏草资源配置模式问卷描述性统计和均值显著性水平表

模式类型	样本数 N/份	均值	标准差	偏度	显著性水平
第一种	**572**	**2.532***	**1.207**	**2.133**	**0.063**
第二种	**572**	**2.884****	**1.060**	**0.486**	**0.093**
第三种	572	2.309	1.036	0.299	0.241
第四种	572	3.012	1.139	0.669	0.187
第五种	**572**	**3.214***	**1.227**	**0.681**	**0.056**
第六种	572	2.793	1.065	−1.217	0.352
第七种	572	2.556	1.180	−1.335	0.301
第八种	572	2.399	1.157	1.253	0.112
第九种	572	2.557	0.935	0.904	0.314

注：表中黑体表明认同冬虫夏草资源配置的模式
*表示 95%显著，**表示 90%显著

从表 4.2 可以看出，第一种模式"农牧民—市场—黑市—消费者"的均值为2.532，显著性水平为 0.063，基本实现 95%的显著性；第二种模式"农牧民—市场—大买家—消费者"的均值为 2.884，实现了 90%的显著性；第五种模式"农牧民—企业—大买家—消费者"的均值为 3.214，实现了 95%的显著性。上述三种模式是青藏地区冬虫夏草资源配置的基本模式。

"农牧民—市场—黑市—消费者"模式中，由黑市交易基本取代显性化市场交易，黑市的隐蔽性特征进一步掩盖了冬虫夏草的价值，大买家充当黑市交易的主导者，在走街串巷中通过"拉袖交易"严重盘剥了冬虫夏草拥有者（农牧民）的利益，由于他们之间的交易游离于市场之外，农牧民与大买家的交易带有很大的随意性，这种随意性严重削弱了政府的监管，大量税收流失，而且在交易规模逐步扩大的情况下，随意性交易与政府、农牧民、消费者三者的利益损失呈高度的正相关。

"农牧民—市场—大买家—消费者"模式中大买家主导市场，往往大买家将冬

虫夏草收集起来，再通过包装，在显性化市场上出售。表面上看起来，这种交易符合市场运作的规范，但市场风险大多来自大买家的串谋勾结，一旦串谋形成，就会影响冬虫夏草的市场价格。另外，串谋形成大买家之间的联立交易，其往往囤积冬虫夏草，观望市场价格，扰乱市场行业特价的特性或将冬虫夏草转移到外埠市场，进行高价交易。

"农牧民—企业—大买家—消费者"模式中大买家和企业处于竞争地位，往往产生不公平竞争，大买家通过给农牧民让利的手段，将冬虫夏草收集起来，在销售环节，通过简单包装或不包装，在均衡利益的基础上，一旦有利可图，便会降价销售，压缩企业的市场空间。

第七节　总　　结

本章主要从稀缺性资源研究文献出发，提炼资源配置模式，最后得出青藏地区冬虫夏草资源的三种主要模式。研究中界定了显性化交易与黑市交易、企业与大买家、政府与协会组织的概念，并对"农牧民—市场—黑市—消费者""农牧民—市场—大买家—消费者""农牧民—企业—大买家—消费者"模式进行了分析。通过前面的分析可知，"农牧民—市场—黑市—消费者"模式中，由黑市交易基本取代显性化市场交易，黑市的隐蔽性特征进一步掩盖了冬虫夏草的价值，大买家走街串巷，通过"拉袖交易"严重盘剥了冬虫夏草拥有者（农牧民）的利益。"农牧民—市场—大买家—消费者"模式中大买家主导市场，大买家通过对冬虫夏草的收集、包装、出售，在利益上串谋勾结，共同影响冬虫夏草的市场价格。"农牧民—企业—大买家—消费者"模式中大买家和企业处于竞争地位，大买家通过给农牧民让利的手段，将冬虫夏草收集起来，在销售环节，通过简单包装或不包装，在均衡利益的基础上，一旦有利可图，便会降价销售，压缩企业的市场空间。

第五章　冬虫夏草产业链中政府、农牧民、大买家的博弈

第四章研究了青藏地区冬虫夏草的配置模式，从三种基本模式中可以看出，冬虫夏草产业链不稳定，主要体现在冬虫夏草产业链中存在严重的黑市交易和大买家操控行为，大买家拥有充分信息，农牧民远离交易场地，而且对冬虫夏草的市场行情了解不充分，因此，大买家与农牧民在"拉袖讨价还价"时，存在严重的不对称纳什谈判，而且这种交易本身是黑市交易，政府监管不到。表面上看来是一种"交易"，但从投资行为角度看，政府、农牧民、大买家三者间存在投资利益关系，这种关系严重影响冬虫夏草资源存量，也不利于青藏地区冬虫夏草产业链的构建。

第一节　政府、农牧民、大买家行为模型构建

我们假设准交易市场有 n 个大买家，每个大买家对应 m 个同质拥有冬虫夏草的农牧民，这里大买家既可以是采挖冬虫夏草的组织者（大老板），也可以是专门做投机生意的收购者；农牧民负责冬虫夏草的采挖；政府负责政策制定和管控。三方在相应的环节进行投资，大买家的投资水平为 k_1；农牧民的投资水平为 k_2；政府的投资水平为 k_3；三者共同决定冬虫夏草最终的产出 Q。根据 Cobb-Douglas 函数的一般形式 $Q = ak_1^{\alpha}k_2^{\beta}$，$\alpha$、$\beta$ 的取值代表着大买家与农牧民在投资领域中的贡献率。在冬虫夏草源头的产业链运作中，农牧民、大买家、政府具有同样的重要性，我们在这里将冬虫夏草的产出函数定义为 $Q = 3k_1^{\frac{1}{3}}k_2^{\frac{1}{3}}k_3^{\frac{1}{3}}$。

成本函数以 Xie 等（2011）提出的模型为依据，假设农牧民的成本函数为 $C_i = \frac{1}{2}\delta_i k_i^2$，其中，$C_i(k_i)$（$i=1,2,3$）是严格递增的二阶可微凸函数，且 $C_i(0)=0$。由于农产品市场基本接近完全竞争市场，本来市场价格由市场外生给定，但冬虫

夏草作为特有的农产品，市场价格往往受大买家的操控。因此，我们将冬虫夏草的价格 P 界定在市场内生性方面，意味着价格与产量 Q 之间存在相反变动的关系，那么获得的收益为 $U(k_1,k_2)=QP$。

在下文中，政府、农牧民、大买家获取冬虫夏草收益行为的分析采用信息不对称下的纳什谈判。即

$$U = \underset{(u_1,u_2)}{\arg\max}(u_1-d_1)^\tau(u_2-d_2)^{1-\tau}, \tau \in [0,1]$$

其中，u_1 和 u_2 表示大买家和农牧民的效用。d_1 和 d_2 表示大买家和农牧民对冬虫夏草拥有权的谈判破裂点，这里我们不妨设 $d_i = f_i(N), i \in (1,2)$，表示谈判破裂点取决于冬虫夏草资源存量 N 的大小。当资源存量大时，谈判破裂的可能性降低；当资源存量小时，谈判破裂的可能性会增大（刘强和苏秦，2012），因此谈判破裂函数的具体形式为 $d_i = \dfrac{\lambda}{N}$，λ 为常数，$N \in [0,m]$。τ 和 $1-\tau$ 分别表示大买家和农牧民的谈判能力。为了简便起见，采用如下的求解模型，即

$$U = \underset{(u_1,u_2)}{\arg\max} \tau \ln(u_1-d_1) + (1-\tau)\ln(u_2-d_2), \tau \in [0,1]$$

一、农牧民、大买家双边获取冬虫夏草的收益行为分析

在农牧民和大买家双边关系中，m 个农牧民和一个大买家分别负责冬虫夏草采挖和销售，两者的利益分配分别为 x 和 $U(k_1,k_2)-x$。很显然，相比于农牧民，大买家具有更强的谈判能力 $\left(\dfrac{1}{2}<\tau<1\right)$，并且假设大买家对冬虫夏草资源有中性的偏好，其效用函数为 $U_2 = U(k_1,k_2)-x$。假设农牧民的效用函数为 $U_1 = x^h, h \in (1,\infty)$，$h$ 表示偏好系数，h 越小表明农牧民对冬虫夏草资源的偏好越低。另外，假设两者在不合作情景下的收益为 0，即谈判破裂时 $d=0$。基于上面的假设，农牧民和大买家的谈判均衡点是以下最大化问题的唯一解：

$$\max_x (U_1-0)^\tau(U_2-0)^{1-\tau}$$

求解上式相当于考察规划：

$$\max_x [\tau \ln(U_1-0) + (1-\tau)\ln(U_2-0)]$$

即

$$\max_{x}\left\{\tau\ln[U(k_1,k_2)-x]+(1-\tau)h\ln x\right\}$$

对上式求关于 x 的一阶导数可得

$$x=\frac{(1-\tau)hU(k_1,k_2)}{(1-\tau)h+\tau}$$

此时单个农牧民得到的收益为 x ，而大买家得到的收益为 $U_2=U(k_1,k_2)-x$ ，即 $U(k_1,k_2)-x=\dfrac{\tau U(k_1,k_2)}{(1-\tau)h+\tau}$ 。

通过观察可以发现有， $\dfrac{\partial x}{\partial \tau}<0$ 、 $\dfrac{\partial [U(k_1,k_2)-x]}{\partial \tau}>0$ ； $\dfrac{\partial x}{\partial h}>0$ 、 $\dfrac{\partial [U(k_1,k_2)-x]}{\partial h}<0$ 。

根据以上推理，得到如下命题。

命题 1：大买家的谈判能力与农牧民得到的收益份额呈负相关，农牧民得到的收益份额与其对冬虫夏草资源偏好呈正相关；大买家得到的收益的大小取决于自身的谈判能力，其收益与农牧民对冬虫夏草资源偏好呈负相关。

我们不妨将偏好系数 h 改写为冬虫夏草资源存量 N 的函数，即 $h=f(N)$ 。当冬虫夏草资源存量大时，农牧民对冬虫夏草资源偏好的系数会减小；当资源存量小时，农牧民对冬虫夏草资源偏好的系数会增大。因此，农牧民对冬虫夏草资源偏好系数函数的具体形式为 $h=\dfrac{\lambda}{N}$ ， λ 为常数， $N\in[0,\theta]$ 。那么 $\dfrac{\partial x}{\partial h}=\dfrac{\partial x}{\partial h/\partial N}=-\lambda\dfrac{\partial x}{\partial N}<0$ 、 $\dfrac{\partial [U(k_1,k_2)-x]}{\partial h}=\dfrac{\partial [U(k_1,k_2)-x]}{\partial h/\partial N}=\lambda\dfrac{\partial x}{\partial N}>0$ 。可以得出： $\dfrac{\partial x}{\partial N}>0$ ，由此得出命题 2。

命题 2：冬虫夏草资源存量与农牧民的收益呈正相关。

继而得到农牧民的利润 π_1 和大买家的利润 π_2 分别为

$$\pi_1=\frac{(1-\tau)hU(k_1,k_2)}{(1-\tau)h+\tau}-C_1$$

$$\pi_2=\frac{\tau U(k_1,k_2)}{(1-\tau)h+\tau}-C_2$$

求解 $\dfrac{\partial \pi_1}{\partial k_1}=0$ 和 $\dfrac{\partial \pi_2}{\partial k_2}=0$ ，得 k_1 和 k_2 分别为

$$k_1 = \frac{(1-\tau)^{\frac{3}{4}}\tau^{\frac{1}{4}}h^{\frac{3}{4}}}{(1-\tau)h+\tau} \cdot \frac{p}{\alpha_1^{\frac{1}{4}}\alpha_2^{\frac{3}{4}}}$$

$$k_2 = \frac{(1-\tau)^{\frac{1}{4}}\tau^{\frac{3}{4}}h^{\frac{1}{4}}}{(1-\tau)h+\tau} \cdot \frac{p}{\alpha_1^{\frac{3}{4}}\alpha_2^{\frac{1}{4}}}$$

此时农牧民的利润 π_1 和大买家的利润 π_2 分别为

$$\pi_1 = \frac{3p^2(1-\tau)^{\frac{3}{2}}\tau^{\frac{1}{2}}h^{\frac{3}{2}}}{2[(1-\tau)h+\tau]^2 \alpha_1^{\frac{1}{4}}\alpha_2^{\frac{3}{4}}}$$

$$\pi_2 = \frac{3p^2(1-\tau)^{\frac{1}{2}}\tau^{\frac{3}{2}}h^{\frac{1}{2}}}{2[(1-\tau)h+\tau]^2 \alpha_1^{\frac{1}{4}}\alpha_2^{\frac{3}{4}}}$$

其中，α_1 表示大买家投资贡献率；α_2 表示农牧民投资贡献率，相当于 β。

（一）农牧民投资水平 k_1、利润 π_1 与冬虫夏草资源偏好的系数 h 间的关系

对于 k_1 表达式的 $\dfrac{(1-\tau)^{\frac{3}{4}}\tau^{\frac{1}{4}}h^{\frac{3}{4}}}{(1-\tau)h+\tau}$ 部分，可以整理为 $\dfrac{(1-\tau)^{\frac{3}{4}}\tau^{\frac{1}{4}}}{(1-\tau)h^{\frac{1}{4}}+\tau h^{-\frac{3}{4}}}$。分析分母 $f(h)=(1-\tau)h^{\frac{1}{4}}+\tau h^{-\frac{3}{4}}$，可以发现 $f(h)$ 在 $h\in\left(0,\dfrac{3\tau}{1-\tau}\right]$ 上递减，而由上文假设 $\dfrac{1}{2}<\tau<1$，所以 $\dfrac{3\tau}{1-\tau}>1$，因此有 $f(h)$ 在 $h\in(0,1]$ 上单调递减，从而 k_1 在 $h\in(0,1]$ 上单调递增。同样可以证明农牧民的利润 π_1 在 $h\in(0,1]$ 上单调递增。由此得出命题 3。

命题 3：大买家与农牧民在不对称纳什谈判框架下分配收益时，农牧民的投资水平随着对冬虫夏草资源偏好的增大而增加，同时，农牧户依赖冬虫夏草资源获取的利润也会随之增加。

（二）农牧民投资水平 k_1、大买家投资水平 k_2 与大买家谈判能力 τ 之间的关系

对 k_1 求关于 τ 的一阶导数发现，k_1 在 $\tau\in\left(0,\dfrac{h}{h+3}\right)$ 上单调递增，在 $\tau\in\left[\dfrac{h}{h+3},1\right)$

上单调递减,因为当 $0 < h < 1$ 时, $\frac{h}{h+3} < \frac{1}{4}$,而前文假设 $\tau > \frac{1}{2}$,所以有 k_1 在 $\tau \in \left(\frac{1}{2}, 1\right)$ 上单调递减。

对 k_2 求关于 τ 的一阶导数发现,当 $\frac{1}{3} < h < 1$ 时, k_2 在 $\tau \in \left(\frac{1}{2}, \frac{3h}{3h+1}\right)$ 上单调递增,在 $\tau \in \left[\frac{3h}{3h+1}, 1\right)$ 上单调递减,当 $\tau = \frac{3h}{3h+1}$ 时,大买家的投资水平达到最大;当 $0 < h \leqslant \frac{1}{3}$ 时, k_2 在 $\tau \in \left[\frac{1}{2}, 1\right)$ 上单调递减。由此得出命题 4。

命题 4:大买家与农牧民在不对称纳什谈判框架下分配收益时,当农牧民对冬虫夏草资源偏好较低时,大买家投资水平会随着其谈判能力的增加而先递增后递减;当农牧民对冬虫夏草资源偏好较大时,大买家投资水平与其谈判能力、农牧民的投资水平与大买家谈判能力间也形成先增后减的变化趋势。

二、政府、大买家双边获取冬虫夏草的收益行为分析

对政府而言,我们假设将不同区位、不同层级的政府分为 n 级,但这里的角色发生了变化,政府拥有开发和利用资源、市场的管理权与分配权,其投资水平 k_3 由管理权与分配权诱发的管理场所、管理人员决定,而且政府掌握准市场交易的任何规则并拥有绝对的谈判能力。对大买家来讲,与政府的博弈应该回归到自然纳税的框架中来,因此,这一问题的焦点是谈判双方能否实现合理税收(这里不妨将其称为政府获取的利润)。政府与大买家之间的收益分配同样在不对称纳什谈判框架下进行整体谈判,政府得来的税收纳入不同级别的地方财政部门,政府充当了 n 个财政部门集体谈判的代表。我们假设政府的相对谈判能力为 $\frac{(1-\tau)n}{(1-\tau)n+\tau}$,大买家的相对谈判能力为 $\frac{\tau}{(1-\tau)n+\tau}$ 。很显然,政府的相对谈判能力与政府级数 n 呈正相关,大买家的相对谈判能力与政府级数 n 呈负相关。 $nU(k_1, k_2)$ 为一年中冬虫夏草供应链的总体收益, y 为政府的收益,而 $nU(k_1, k_2) - y$ 为大买家的收益。另外,假设谈判破裂点 $d = 0$ 。因此,政府与大买家间存在模型的唯一解问题:

$$\max_{y}(U_e - 0)^{\frac{\tau}{(1-\tau)n+\tau}}(U_f - 0)^{\frac{(1-\tau)n}{(1-\tau)n+\tau}}$$

求解上式相当于考察规划：

$$\max_y \left[\frac{\tau}{(1-\tau)n+\tau} \ln(U_e - 0) + \frac{(1-\tau)n}{(1-\tau)n+\tau} \ln(U_f - 0) \right]$$

即

$$\max_y \left\{ \frac{\tau}{(1-\tau)n+\tau} \ln[nU(k_1,k_2) - y] + \frac{(1-\tau)n}{(1-\tau)n+\tau} h \ln y \right\}$$

对上式求关于 y 的一阶导数可得

$$y = \frac{n^2 h(1-\tau)U(k_1,k_2)}{(1-\tau)nh+\tau}$$

$$nU(k_1,k_2) - y = \frac{n\tau U(k_1,k_2)}{(1-\tau)nh+\tau}$$

继而得到政府利润 π_3^2、农牧民利润 π_1^2 和大买家利润 π_2^2 分别为

$$\pi_3^2 = \frac{n^2 h(1-\tau)U(k_1,k_2)}{(1-\tau)nh+\tau} - nk_3$$

$$\pi_1^2 = \frac{nh(1-\tau)U(k_1,k_2)}{(1-\tau)nh+\tau} - k_1^2$$

$$\pi_2^2 = \frac{\tau U(k_1,k_2)}{(1-\tau)nh+\tau} - k_2^2$$

求解 $\dfrac{\partial \pi_1^2}{\partial k_1^2} = 0$ 和 $\dfrac{\partial \pi_2^2}{\partial k_2^2} = 0$，可以求得此时单个农牧民的投资水平 k_1^2 和大买家的投资水平 k_2^2 分别为

$$k_1^2 = \frac{n^{\frac{3}{4}}}{(1-\tau)nh+\tau} \cdot \frac{(1-\tau)^{\frac{3}{4}}\tau^{\frac{1}{4}}h^{\frac{3}{4}}p}{\alpha_1^{\frac{1}{4}}\alpha_2^{\frac{3}{4}}}$$

$$k_2^2 = \frac{n^{\frac{1}{4}}}{(1-\tau)nh+\tau} \cdot \frac{(1-\tau)^{\frac{1}{4}}\tau^{\frac{3}{4}}h^{\frac{1}{4}}p}{\alpha_1^{\frac{3}{4}}\alpha_2^{\frac{1}{4}}}$$

单个农牧民利润 π_1^2 和大买家利润 π_2^2 分别为

$$\pi_1^2 = \frac{3p^2 n^{\frac{3}{2}} (1-\tau)^{\frac{3}{2}} \tau^{\frac{1}{2}} h^{\frac{3}{2}}}{2[(1-\tau)nh+\tau]^2 \alpha_1^{\frac{1}{2}} \alpha_2^{\frac{1}{2}}}$$

$$\pi_2^2 = \frac{3p^2 n^{\frac{1}{2}} (1-\tau)^{\frac{1}{2}} \tau^{\frac{3}{2}} h^{\frac{1}{2}}}{2[(1-\tau)nh+\tau]^2 \alpha_1^{\frac{1}{2}} \alpha_2^{\frac{1}{2}}}$$

进而计算出政府的投资水平 k_3 和政府的利润 π_3 分别为

$$nk_3 = k_1^2, k_3 = \frac{1}{n}k_1^2 = \frac{n^{-\frac{1}{4}}}{(1-\tau)nh+\tau} \cdot \frac{(1-\tau)^{\frac{3}{4}} \tau^{\frac{1}{4}} h^{\frac{3}{4}} p}{\alpha_1^{\frac{1}{4}} \alpha_2^{\frac{3}{4}}}$$

$$\pi_3 = \frac{3p^2 n^{\frac{3}{2}} (1-\tau)^{\frac{3}{2}} \tau^{\frac{1}{2}} h^{\frac{3}{2}}}{2[(1-\tau)nh+\tau]^2 \alpha_1^{\frac{1}{2}} \alpha_2^{\frac{1}{2}}} - \frac{n^{-\frac{1}{4}} (1-\tau)^{\frac{3}{4}} \tau^{\frac{1}{4}} h^{\frac{3}{4}} p}{[(1-\tau)nh+\tau] \alpha_1^{\frac{1}{4}} \alpha_2^{\frac{3}{4}}}$$

$$\pi_3 = \frac{3p^2 n^{\frac{3}{2}} (1-\tau)^{\frac{3}{2}} \tau^{\frac{1}{2}} h^{\frac{3}{2}} - 2[(1-\tau)nh+\tau] n^{-\frac{1}{4}} (1-\tau)^{\frac{3}{4}} \tau^{\frac{1}{4}} h^{\frac{3}{4}} p \alpha_1^{-\frac{1}{2}} \alpha_2^{\frac{1}{4}}}{2[(1-\tau)nh+\tau]^2 \alpha_1^{\frac{1}{2}} \alpha_2^{\frac{1}{2}}}$$

对 k_1^2 的表达式 $\dfrac{n^{\frac{3}{4}}}{(1-\tau)nh+\tau}$ 部分，我们整理得到 $\dfrac{1}{(1-\tau)n^{\frac{1}{4}}h+\tau n^{-\frac{3}{4}}}$。分析

$g(n) = (1-\tau)hn^{\frac{1}{4}} + \tau n^{-\frac{3}{4}}$，并且考虑到 n 的取值范围为 $n \geq 1$ 的正整数，可以得到 $g(n)$ 在 $n \in \left[1, \dfrac{3\tau}{(1-\tau)h}\right]$ 上单调递减，在 $n \in \left(\dfrac{3\tau}{(1-\tau)h}, \infty\right)$ 上单调递增，因此，有 k_1^2 在 $n \in \left[1, \dfrac{3\tau}{(1-\tau)h}\right]$ 上单调递增，在 $n \in \left(\dfrac{3\tau}{(1-\tau)h}, \infty\right)$ 上单调递减，政府干预的最优规模 $n_1^* = \dfrac{3\tau}{(1-\tau)h}$；同理可得，$k_2^2$ 在 $n \in \left[1, \dfrac{\tau}{3(1-\tau)h}\right]$ 上单调递增，在 $n \in \left(\dfrac{\tau}{3(1-\tau)h}, \infty\right)$ 上单调递减，大买家视角下政府干预的最优规模 $n_2^* = \dfrac{\tau}{3(1-\tau)h}$。由此可以得出命题 5。

命题 5：农牧民和大买家对冬虫夏草资源投资水平在政府刚刚干预时，随着

政府干预部门（或级别）的增加而增加；当政府干预部门达到阈值，再增加政府干预部门，其投资水平将递减；一开始农牧民对冬虫夏草资源的偏好随着政府干预部门的增加而减小，当政府干预部门达到阈值，再增加政府干预部门，其偏好随着政府干预部门的增加而增大。

第二节　政府和农牧民双边治理设计

一、政府层面的制度设计

（1）建立冬虫夏草资源生态保护区，保护冬虫夏草生长环境。对于冬虫夏草集中分布区域及典型地带（如西藏那曲市、青海果洛和玉树），应以国家和地方政府名义，按资源类型、可利用目标建立冬虫夏草生态环境保护区，通过采取特殊扶持政策，成立有限的管理部门，围栏封育、建立管护站，降低人为因素对冬虫夏草生长及生活环境的影响，提高资源再生能力。在保护的基础上逐步实现"政府+农牧民+协会组织+公司"的资源开发和利用模式。这种模式中政府的角色通过政策限定和引导来强化农牧民对冬虫夏草资源的利用与保护能力；协会组织通过冬虫夏草市场信息来调节农牧民和公司两者的利益均衡问题，杜绝公司或大买家跳到准市场寻求准租金的行为。

（2）注重人工培育研究，促进冬虫夏草资源可持续利用。天然冬虫夏草的产量远远不能满足市场需求，因此通过加强技术研究，一方面可将人工饲养的幼虫或卵投放到产地，增加虫口密度，提高冬虫夏草产量，进而对冬虫夏草资源起到保护作用；另一方面，随着冬虫夏草菌培育技术的不断深入，可通过深层发酵培养法来获取冬虫夏草菌丝体和菌液，研制和开发冬虫夏草菌系列产品，促进对野生冬虫夏草菌的进一步开发利用，有效减少市场对天然冬虫夏草的依赖性需求。

（3）加大对退化草地的改良力度，改善冬虫夏草生存条件。充分利用国家已经采取的天然草原保护、退牧还草等生态保护政策，强化退化草地的综合治理，使严重退化的草地禁牧、休牧，使天然草原有一个休养生息的机会，增强优良牧草的活力，逐步恢复草原植被，创造冬虫夏草及其寄主蝙蝠蛾健康生长的植被及土壤等环境条件。

（4）严格制度，规范采集经营行为。冬虫夏草属于国家二级保护野生植物，实行冬虫夏草专营、许可证管理制度，省人民政府草原行政主管部门根据农业农村部制订的冬虫夏草年度收购计划，会同有关部门制订统一管理、开发冬虫夏草资源的规划。各级人民政府草原、工商、经济贸易、药品监督管理等相关部门要加强对冬虫夏草等野生植物制品生产和经营行业的监督检查，确保冬虫夏草资源的有效保护和可持续发展。

二、农牧民层面的制度设计

（1）根据命题 2，冬虫夏草资源存量与农牧民的收益产生呈正相关关系，特别是草原承包到户以后，大多数农牧民认为在自己的草场采挖或吸收大量外来人员采挖冬虫夏草理所当然，对保护和限制采挖冬虫夏草有抵触情绪，造成冬虫夏草资源严重不足，严重影响了农牧民的收入。因此，农牧民要加大保护野生冬虫夏草资源的学习和保护力度，政府应采取多种形式和方法普及野生资源保护知识，提高农牧民对保护冬虫夏草资源和生态环境重要性的认识与意识。

（2）冬虫夏草市场还不规范。一些大买家走街串巷到处收购冬虫夏草，而这些大买家将收购到的冬虫夏草直接偷运出口，赚取更高的利润。根据命题 1 和命题 4 的研究结论，农牧民与大买家在讨价还价方面，能力明显不足，大买家直接侵害了农牧民的收益，而冬虫夏草是农牧民重要的经济收入之一。因此，在倡导政府规范冬虫夏草市场的同时，农牧民要成立协会组织，提高谈判能力，使大买家在政府加强管制、农牧民通过提高谈判能力削弱其利润空间的"钳形机制"下逐步退出交易领域。

（3）根据命题 3 的研究结论，农牧民应该在冬虫夏草资源保护方面投入一定的人力、物力，在政府积极采取保护冬虫夏草资源的措施和手段的同时，农牧民要以乡、村，特别是以村为单位进行"村落式"治理，按照本村的文化、道德、宗教、信仰，约束和限定对冬虫夏草资源造成破坏的行为。"村落式"治理的机制是本村所固有的传统文化和习惯，治理结构要在政府的倡导下，以村为单位，村民委员会主任（以下简称村主任）负责制，以村民利益为根本，以增加农牧民的收入为前提，杜绝本村富裕户、有工作和有固定收入的人员与外来人员采挖冬虫夏草（西藏那曲市嘉黎县措多乡热须村的做法）。村庄要勘探和规划草山中冬虫夏草分布状况，根据冬虫夏草的休眠期限，合理布局采挖的草场。

（4）根据命题 5 的研究结论，农牧民要积极配合政府对冬虫夏草资源的保护进行宣传，在人力、物力等投资方面保持与政府的步调一致，通过政府监管部门自觉形成保护冬虫夏草资源的意识。

第三节   总   结

本章依据青藏地区冬虫夏草产业链中政府、农牧民、大买家的投资和收益偏好，架构了博弈模型，得出了以下结论：①大买家的谈判能力与农牧民得到的收益份额呈负相关，农牧民得到的利益份额与其对冬虫夏草资源偏好呈正相关；大买家得到的收益的大小取决于自身的谈判能力，其收益与农牧民对冬虫夏草资源偏好呈负相关。②冬虫夏草资源存量与农牧民的收益呈正相关。③大买家与农牧民在不对称纳什谈判框架下分配收益时，农牧民的投资水平随着对冬虫夏草资源偏好的增大而增加，同时，农牧民依赖冬虫夏草资源获取的利润也会随之增加。④大买家与农牧民在不对称纳什谈判框架下分配收益时，当农牧民对冬虫夏草资源偏好较低时，大买家投资水平会随着其谈判能力的增加而先递增后递减；当农牧民对冬虫夏草资源偏好较大时，大买家投资水平与其谈判能力、农牧民的投资水平与大买家谈判能力间也形成先增后减的变化趋势。⑤农牧民和大买家对冬虫夏草资源投资水平在政府刚刚干预时，随着政府干预部门（或级别）的增加而增加；当政府干预部门达到阈值，再增加政府的干预部门，其投资水平将递减；一开始农牧民对冬虫夏草资源的偏好随着政府干预部门的增加而减小，当政府干预部门达到阈值，再增加政府的干预部门，其偏好随着政府干预部门的增加而增大。本章共得到五个命题，并根据这五个命题从政府和农牧民出发设计了治理方法。

第六章 冬虫夏草产业链利益主体间的作用关系分析

本章根据第四章提炼出的青藏地区冬虫夏草资源配置的模式，从实证角度进一步研究在"农牧民—市场—黑市—消费者"模式（本书将这一模式作为实证研究案例，其他模式今后研究）下，青藏地区冬虫夏草产业链利益主体间的作用关系。目的是探讨在政府分权条件下，农牧民、市场通过自主治理能否抑制黑市交易；青藏地区冬虫夏草产业链中企业、农牧民、消费者通过协同治理能否限定大买家行为，并由此压缩黑市交易的生存空间；多中心治理（包括自主治理和协同治理）能否推动青藏地区冬虫夏草资源保护，并将由此产生的资源保护溢价正向作用于农牧民的收益。

第一节 研究假设及理论模型

"农牧民—市场—黑市—消费者"模式，不是单纯黑市取代市场进行资源配置，是指一部分资源通过市场配置，而绝大部分资源由黑市配置。黑市配置资源按经济学理论进行分析，理性行为和效用最大化约束下，市场主体在相互作用中理性选择的结果（Koveos and Seifert，1985）取决于第三方交易（大买家）预期收益和预期成本（McCloskey，1983）。另外，黑市通过纵向一体化（大买家主导下的利益联盟）内部议价，降低交易费用，由此可以取代市场交易（威廉姆森，2016）。青藏地区冬虫夏草交易者之所以参与黑市，是因为参与黑市的效用大于其不参与黑市的效用，也可以说黑市产生和盛行是交易者理性选择的结果。交易者在多次反复交易过程中通过观察、学习，逐渐形成了一套习惯的交易方式，有效降低了黑市交易费用和黑市交易中的风险（翁章好，2000）。黑市交易不断制造需求，形成了相互加强的链环，这就是路径依赖，即条件满足时，农牧民、消费者依赖于已经形成的黑市，没有主动走出黑市的动机。当约束条件变得宽松时，黑市就会盛行。黑市的高利润，刺激了农牧民，而源头上政府的政策激励发挥不了作用，使得冬虫夏草的采挖和交易规模不断扩大，资源严重破坏，农牧民增收不能持续。

所以，对这一模式的治理设想，是在政府分权的情景下，通过治理主体的自主治理和协同治理，压缩黑市的生存空间，最后走向"资源—农牧民—市场—消费者"的有效路径。

Wagner（2005）认为，在规模较小的资源利用中，人们之间能够在相互接触中经常沟通、不断了解，并且彼此之间建立信任和依赖感。由于长时间的共同居住和交流，人们之间建立了公共的行为准则和互惠的处事模式，个体与个体之间能够就维护共同利益而组织起来，采取集体行为。一群相互依赖的委托人如何才能把自己组织起来，主要取决于制度供给、可信承诺和相互监督（Ostrom，1999）。制度供给需要确定占用者人数、公共资源规模、资源单位在时空上的冲突性、公共资源的现有条件、资源单位的市场条件、冲突的数量和类型，以及这些变量资料的可获得性、所使用的现行规则、所提出的规则九个环境变量；在复杂和不确定的环境下，个人通常会采取权变策略，因此，遵守规则的权变承诺只有在监督的情景下才是可信的。作为自治组织群体，必须有适当的监督和制裁，他们必须在没有外部强制约束的情况下激励自己去监督人们的活动、实施制裁，以保持对规则的遵守；自主设计的治理规则既能提高组织成员的积极性，又能使监督成本降低，同时能增强人们的权变承诺。由此，本章提出以下假设。

H1：在政府分权条件下，各治理主体通过自主治理使青藏地区冬虫夏草资源得到有效保护。

H1-1：政府分权对提高治理主体的积极性有显著的正向影响。

H1-2：治理主体对自主治理有较强的依赖性。

H1-3：农牧民的自主治理会带来冬虫夏草资源保护的溢价。

H1-4：农牧民通过自主治理，杜绝到黑市进行交易。

H1-5：市场通过自主治理取代黑市交易。

H1-6：消费者通过自主治理，杜绝到黑市进行交易。

Ansell 和 Gash（2007）认为，单一或多个公共机构与非国家部门利害关系人（non-state stakeholders）在正式的、以达成共识为目的的、协商的集体决策过程中直接对话，以期制定或执行公共政策，或者管理公共项目或财产。Donahue 和 Zeckhauser（2008）认为，协同治理是通过与政府以外的生产者共同努力，并与之共享自由裁量权的方式追求官方选定的公共目标。但目标界定带有复杂性，政府仍然拥有最终的决定权，因此，政府和非政府行动人在一个既定的政策领域内进行日常性的互动，参与方以平等伙伴的身份合作（Chi，2008）。自组织是协同治理过程中的重要行为体。政府能力受到了诸多的限制，原因包括缺乏合法性、政策过程的复杂，以及相关制度的多样性和复杂性等。政府成了影响社会系统演化的行动者之一。在某种程度上说，它缺乏足够的能力将自己的意志强加在其他行动者身上，而其他社会组织则试图摆脱政府的金字塔式的控制，要求实现自己控制。这不仅意味着自由，而且意味着自己负责。同时，这也是自组织的重要特性，这样自主的体系就有更大程度上自我治理的自由。自组织体系的建立要求政府减少管制，甚至撤出对某些领域的管理。这样一来，社会系统功能的发挥就需要自组织间的协同（李汉卿，2014）。另外，本章研究的"农牧民—市场—黑市—消费者"模式中，虽然大买家没有直接参与，但大买家掌握了冬虫夏草充分的价格信息，在价格谈判中农牧民处于弱势地位，往往大买家剥夺了农牧民的预期利润空间；大买家自己雇用农业区的农民工到冬虫夏草产地采挖，而交付的租金相当有限。由此，本章提出以下假设。

H2：在政府分权条件下，通过农牧民、市场、消费者的协同治理，使青藏地区冬虫夏草资源得到有效保护。不但能挤压黑市交易的空间，而且能使自主治理反哺治理溢价，使治理主体的治理能力显著增强。

H2-1：政府分权对治理主体进行协同治理有显著的正向关系。

H2-2：协同治理能有效制止黑市交易。

H2-3：协同治理能有效抑制大买家的行为。

H2-4：协同治理能提高自主治理能力。

基于以上假设，得出本章研究的理论模型，如图 6.1 所示。

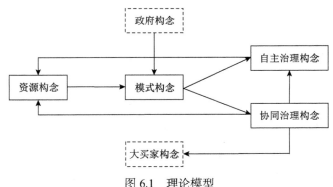

图 6.1　理论模型

第二节　研究设计

一、样本选择与数据来源

本章使用的数据来自"青藏地区冬虫夏草多中心治理问卷调研表"（附录三）。为了保证问卷所反映数据的真实性，样本中将人员选择比例确定为：资源的拥有者（农牧民）30%；冬虫夏草市场中的店面商人25%；冬虫夏草加工企业10%；政府及科研机构（主要为草原管理部门、国土资源部门、畜牧科学院、农业厅、税务部门、工商行政管理部门等）15%；黑市交易比较隐蔽，主要通过大买家来搜集数据，因此大买家10%；组织（冬虫夏草行业协会、村庄管理协会、环境保护协会等）5%；消费者5%。地区选择比例为青海地区（果洛、玉树、兴海、祁连、湟中、大通、湟源）35%；西藏那曲市35%；甘肃甘南地区10%；四川阿坝地区10%；云南香格里拉地区10%。

问卷设计和发放流程为：2013年9月，在参考已有文献的基础上，提出研究设计方案，并起草了问卷初稿；2013年10月，进行问卷的预调查，按样板选择比例，采用人员实地发放、电话访谈、发电子邮件等方式，共发放问卷350份，整理过程中剔除无效问卷20份，有效问卷为330份；2013年11月，进行问卷的修改，主要对问卷的测试选项进行微调，并召开专家咨询会，对修改的问卷进行咨询，并根据其反馈的意见进行修改；2013年12月至2014年2月，进行实地调研、发放问卷、回收问卷。整个问卷调查过程历时6个月，共发放问卷600份，其中，课题组成员在实地调研中发放问卷180份，其他方式发放的问卷420份，其他方式发放的问卷收回了400份，在问卷统计过程中剔除无效问卷8份，有效问卷共572份，有效问卷率为95.33%。

二、变量测量与问卷的信度、效度分析

问卷选项根据现实情况与问卷陈述的吻合程度进行标注，具体方式为：答案分为5个等级，1表示很不认同，2表示不认同，3表示基本认同，4表示认同，5表示很认同。从形式上看，问卷的测度内容分为两大类。一类为黑市猖獗的成因类；另一类为治理类。问卷具有6个核心构念，即资源构念、模式构念、政府构

念、自主治理构念、协同治理构念、大买家构念。本书研究"农牧民—市场—黑市—消费者"模式，政府行为相对弱化，因此，将政府分权作为控制变量。大买家的收购、转手行为直接影响冬虫夏草价格，因此，将大买家作为一个独立的被解释变量。另外，青藏地区冬虫夏草加工企业较少，此模式下不做分析。

（一）冬虫夏草资源保护

依赖天然资源出口的地区，往往伴随而来的是巨额出口收入转化为财政收入，但将天然资源作为长期项目，往往会造成总需求膨胀，加剧对资源的进一步掠夺。这种形式下，通过设立资源保护政策的形式来完成（Auty，2001）。伴随政策的引导，天然资源的可持续利用将发挥经济发展的传导作用（Sachs and Warner，1997；Gylfason et al.，1999）。但天然资源有着独特的资源禀赋，开采程度在很大程度上受限定配置的有效渠道的限制（Wright and Czelutsa，2002）。本书将上述学者的观点，作为保护冬虫夏草资源的依据。

（二）农牧民行为

传统经济学将人的行为假定为"理性人"之后，将凡是"理性人"都是以经济利益的最大化作为衡量指标，会造成以点概面。后续研究中将行为学纳入其中，提出了一些积极的见解，认为人的行为除了经济行为，还包括政治行为（王宗礼等，1995）、宗教行为、安全行为、恐怖主义（von Mises，1949）等，然而这种描述性的工作，即便通过详细罗列来精确界定人的行为的外延，也很难在实证研究中进行操作。因为，我们很难对已有研究者所列示的诸多行为进行排序，而且越是外延的行为越是难以编码，如我们很难判断地缘关系产生的亲近行为和经济行为哪个更重要。为了解决这一问题，我们将农牧民行为进一步明确化，即抛开这一概念中比较次要的行为量度，直接将与农牧民相伴随而且符合时代特征的增加收入、生态保护、投机（马德君，2013）作为测量语句。

（三）市场行为

市场行为包括企业市场行为和消费者市场行为。本书将两者统一起来，用"交易市场行为"来替代。对于交易市场行为，我们采用正当营销、合理定价、消费者权益保护、商品经营者权益保护、公平正当竞争（张成华和欧阳娜，2012）作为测量语句。

（四）黑市交易行为

黑市交易可以看作黑市主体之间相互作用的一个动态博弈，参与者有两方：一方是执法部门；另一方是黑市决策主体。黑市决策主体能够感知法律制度、社会舆论水平、执法部门的执法水平（翁章好，2000；张卫航，2003），以及牟取暴利、心理压力（Luintel，2000；Caporale and Cerrato，2008；Bahmani-Oskooee et al.，2010）等信息。

（五）消费者行为

对消费者行为采用时间间隔、使用频率、解决问题和配套产品（李东进等，2009）进行测量。

（六）自主治理

关于自主治理问题，Ostrom（1999）提出，自主治理主要取决于制度供给、可信承诺和相互监督。Gautam 和 Shivakoti（2005）研究尼泊尔的两个森林系统时结合了相互监督原则，实证结果表明，由于农民会致力于检查监督者的工作表现，有效地控制了木材采伐数量，取得了良好的治理效果。Townsend（2010）提出民主的决策制定、私人强制权、自主治理范围的详细说明和职能体制的详细规定是自主治理的四个有效因素。本书结合 Ostrom 和 Townsend 的观点，用七个语句测度自主治理。

（七）协同治理

杨清华（2011）认为协同治理与社会各系统的协作参与、多元交互回应和理性的公民参与有着高度的相关性。另外，有些学者指出，信任是社会资本的重要组成部分，协同治理能促进社会的信任关系（欧黎明和朱泰，2009；陈第华，2000）；汪延明（2012）提出了"协同治理=沟通+交流+合作"等式。因为信任关系已经包含在沟通、交流和合作中，所以，本书选用杨清华的第三项量表和汪延明的沟通、交流、合作量表，构成协同治理测量的四个语句。

（八）其他变量

研究涉及的其他变量包括政府分权和大买家两类。对政府分权采用政府分权的积极性（哈耶克，1997）、改变照章办事的规则、分权能力（石薛桥，2005）等八个语句进行测量；对大买家采用净利润偏好（Varki and Mark，2001）、风险代价（Saxby et al.，2000）、搜集信息的激励水平、政府监管力度和议价能力（李宝库，2007）五个语句进行测量。

我们对问卷进行信度和效度分析，用 Cronbach's α 系数来检验样本数据的信度，采用 SPSS 17.0 软件得出九个潜变量的 Cronbach's α 系数均大于 0.7，如表 6.1 所示，说明各变量的测量项目拥有较高的内部一致性，设计的问卷信度较好。在效度检验方面，本书的测度量表基本采用相关文献的量表，因此具有较好的内容效度。另外，检验收敛效度和结构效度。用 AMOS 7.0 软件对潜变量做出验证性因子分析，如表 6.1 所示，所有潜变量组合信度（composite reliability，CR）均超过 0.75，达到 0.7 的建议值水平；平均方差抽取量（average variance extraction，AVE）在 0.3～0.5，均高于 0.3 的标准值水平。因此，本章所提出的各变量具有很好的收敛效度。进一步观察冬虫夏草资源保护、农牧民行为、市场行为、黑市行为、消费者行为、自主治理、协同治理、政府分权、大买家行为九个潜变量二阶因子模型的拟合指标，结果如表 6.2 所示，九个潜变量二阶因子模型的拟合指标均达到检验标准，问卷结构效度良好。

表 6.1　变量信度和效度检验结果

变量	量表（题项）	Cronbach's α	CR	AVE
冬虫夏草资源保护	3	0.8419	0.7919	0.3967
农牧民行为	3	0.7395	0.7792	0.3412
市场行为	5	0.8099	0.8393	0.4112
黑市行为	3	0.7896	0.7982	0.3827
消费者行为	4	0.7801	0.7635	0.3663
自主治理	7	0.8369	0.8825	0.3907
协同治理	4	0.7264	0.8902	0.4725
政府分权	3	0.7982	0.7962	0.3861
大买家行为	4	0.8527	0.8072	0.4279

表 6.2　变量验证性因子检验结果

变量	χ^2/df	CFI	GFI	AGFI	RMR	RMSEM	NFI	IFI
冬虫夏草资源保护	1.699	0.952	0.961	0.905	0.027	0.006	0.954	0.946
农牧民行为	1.533	0.978	0.923	0.956	0.022	0.002	0.991	0.996
市场行为	1.397	0.927	0.936	0.943	0.019	0.013	0.975	0.953
黑市行为	1.355	0.953	0.951	0.929	0.013	0.003	0.952	0.976
消费者行为	1.721	0.992	0.968	0.932	0.035	0.019	0.959	0.956
自主治理	1.349	0.931	0.979	0.968	0.026	0.016	0.947	0.964
协同治理	1.636	0.966	0.959	0.988	0.027	0.005	0.997	0.993
政府分权	1.469	0.947	0.972	0.947	0.026	0.016	0.971	0.952
大买家行为	1.628	0.983	0.987	0.957	0.038	0.018	0.978	0.961

注：CFI 为比较适配指数（comparative fit index），GFI 为适配度指数（goodness of fit index），AGFI 为调整后适配度指数（adjusted goodness of fit index），RMR 为残差均方和平方根（root mean square residual），RMSEM 为渐进残差均方和平方根（root mean square error of approximation），NFI 为规准适配指数（normed fit index），IFI 为增值适配指数（incremental fit index）

第三节　实证检验结果及其分析

一、描述性统计

从表 6.3 中可以看出，572 份调研表反映的数据均值基本在 3~4，根据冯·诺依曼和摩根斯坦的期望效应理论，当均值超过最小值和最大值的平均数时，指标的解释能力很强，说明调研对象对每一个题项所提的内容很容易理解，认同感很好。标准差表明数据的离散程度，描述性统计表中除增加收入、公平正当竞争、自治范围的详细说明、交流题项超过 1 以外，其他题项均小于 1，说明数据分布均匀。由数据均值和标准差看出，数据有效，可以进行结构方程模型的检验。

表 6.3　变量的描述性统计

题项	观测值	均值	标准差	最小值	最大值
资源保护政策	572	3.790 0	0.697 12	1.00	5.00
资源的可持续利用	572	3.980 0	0.589 23	1.00	5.00
资源的采挖程度	572	4.190 0	0.691 42	1.00	5.00

续表

题项	观测值	均值	标准差	最小值	最大值
增加收入	572	3.800 0	1.010 12	1.00	5.00
生态保护	572	4.340 0	0.626 29	1.00	5.00
投机	572	4.280 0	0.671 28	1.00	5.00
正当营销	572	4.260 0	0.632 78	1.00	5.00
合理定价	572	3.840 0	0.997 14	1.00	5.00
消费者权益保护	572	3.440 0	0.786 62	1.00	5.00
商品经营者权益保护	572	3.600 0	0.947 61	1.00	5.00
公平正当竞争	572	3.880 0	1.099 91	1.00	5.00
感知法律制度	572	3.640 0	0.827 09	1.00	5.00
社会舆论水平	572	3.420 0	0.835 20	1.00	5.00
执法部门的执法水平	572	3.580 0	0.784 80	1.00	5.00
牟取暴利	572	3.880 0	0.848 53	1.00	5.00
心理压力	572	3.520 0	0.762 38	1.00	5.00
时间间隔	572	3.560 0	0.760 24	1.00	5.00
使用频率	572	3.600 0	0.782 46	1.00	5.00
解决问题	572	3.340 0	0.823 38	1.00	5.00
配套产品	572	3.900 0	0.735 40	1.00	5.00
制度供给	572	3.285 7	0.889 76	1.00	5.00
可信承诺	572	3.600 0	0.832 99	1.00	5.00
相互监督	572	3.380 0	0.854 52	1.00	5.00
民主的决策制定	572	3.200 0	0.808 12	1.00	5.00
私人强制权	572	3.300 0	0.863 07	1.00	5.00
自治范围的详细说明	572	3.020 0	1.115 57	1.00	5.00
职能体制的详细规定	572	3.420 0	0.949 54	1.00	5.00
理性的公民参与	572	4.360 0	0.631 16	1.00	5.00
沟通	572	4.240 0	0.770 90	1.00	5.00
交流	572	3.740 0	1.046 08	1.00	5.00
合作	572	3.960 0	0.754 85	1.00	5.00
政府权力下放的程度	572	4.280 0	0.671 28	1.00	5.00
人性化特征	572	3.760 0	0.796 93	1.00	5.00

续表

题项	观测值	均值	标准差	最小值	最大值
达成一致行动策略	572	3.680 0	0.913 39	1.00	5.00
参与者的互动过程	572	3.860 0	0.700 15	1.00	5.00
能动创立治理规则	572	3.580 0	0.758 35	1.00	5.00
政府分权的积极性	572	3.720 0	0.701 02	1.00	5.00
改变照章办事的规则	572	4.140 0	0.700 15	1.00	5.00
分权能力	572	4.140 0	0.880 86	1.00	5.00
净利润偏好	572	3.880 0	0.718 27	1.00	5.00
风险代价	572	3.640 0	0.898 07	1.00	5.00
搜集信息的激励水平	572	3.920 0	0.778 28	1.00	5.00
政府监管力度	572	3.560 0	0.836 90	1.00	5.00
议价能力	572	3.660 0	0.894 66	1.00	5.00

二、自主治理下的检验

（一）政府分权、农牧民自主治理、资源保护

表 6.4 和表 6.5 列示了自主治理情景下,冬虫夏草资源保护的测度路径系数和 p 值。从表 6.4 看出,农牧民行为、市场行为和消费者行为与政府分权的路径系数分别为 0.152、0.271、0.107,p 值分别为 0.0084、0.0465、0.0436,均小于 0.05,说明农牧民、市场和消费者对政府分权有较高的期望。政府的分权可以提高治理主体的积极性,H1-1 得到验证。

表 6.4　治理主体对政府分权的影响

变量	政府分权	
	系数	p 值
农牧民行为	0.152***	0.0084
市场行为	0.271**	0.0465
消费者行为	0.107**	0.0436

注：回归分析考虑了异方差,并同时进行了调整
***表示 1%的显著性水平,**表示 5%的显著性水平

表 6.5　治理主体对自主治理的影响

变量	自主治理	
	系数	p 值
农牧民行为	0.369***	0.0053
市场行为	0.196**	0.0424
消费者行为	0.227**	0.0496

注：回归分析考虑了异方差，并同时进行了调整
***表示 1%的显著性水平，**表示 5%的显著性水平

从表 6.5 可以看到，农牧民行为、市场行为和消费者行为与自主治理的路径系数分别为 0.369、0.196、0.227，p 值分别为 0.0053、0.0424、0.0496，均小于 0.05，说明农牧民、市场和消费者对自主治理均有正向影响，特别是农牧民对自主治理具有显著的影响。这与青藏地区农牧民增收严重依赖冬虫夏草资源的事实有关。H1-2 得到验证。

从表 6.6 可以看到，冬虫夏草资源保护与自主治理的路径系数为 0.319，p 值为 0.0014，说明冬虫夏草资源保护与自主治理间存在着显著的正相关关系；农牧民行为与冬虫夏草资源保护间的路径系数为 0.183，p 值为 0.0012，说明农牧民通过自主治理，使冬虫夏草资源得到有效保护，农牧民可以长期享受冬虫夏草资源带来的回报。这与 H1-3 和 H1 的预测相一致。

表 6.6　自主治理、农牧民行为对冬虫夏草资源保护的影响

变量	冬虫夏草资源保护	
	系数	p 值
自主治理	0.319***	0.0014
农牧民行为	0.183***	0.0012

注：回归分析考虑了异方差，并同时进行了调整
***表示 1%的显著性水平

（二）农牧民、市场、消费者对黑市的影响

从表 6.7 看到，农牧民行为、市场行为和消费者行为与黑市交易间的路径系数分别为 –0.106、–0.201、–0.227，p 值分别为 0.0018、0.1032、0.0517，说明越强化农牧民、市场、消费者的自主治理，对黑市交易越起到抑制作用，这与 H1-4、H1-5、H1-6 相一致。

表 6.7　农牧民行为、市场行为、消费者行为对黑市行为的影响

变量	黑市行为	
	系数	p 值
农牧民行为	−0.106***	0.0018
市场行为	−0.201	0.1032
消费者行为	−0.227*	0.0517

注：回归分析考虑了异方差，并同时进行了调整

***表示 1%的显著性水平，*表示 10%的显著性水平

三、协同治理下的检验

从表 6.8 可以看到，黑市行为、大买家行为、自主治理、政府分权与协同治理的路径系数分别为−0.276、−0.311、0.227、0.318，p 值分别为 0.0472、0.0092、0.0012、0.0521，均小于 0.1，说明协同治理能有效制止黑市行为，而且能抑制大买家的行为，对提高治理主体的自主治理有十分显著的作用，同时政府分权能显著促进协同治理。H2-1～H2-4 和 H2 均得到验证。

表 6.8　黑市行为、大买家行为、自主治理、政府分权对协同治理的影响

变量	协同治理	
	系数	p 值
黑市行为	−0.276**	0.0472
大买家行为	−0.311***	0.0092
自主治理	0.227***	0.0012
政府分权	0.318*	0.0521

注：回归分析考虑了异方差，并同时进行了调整

***表示 1%的显著性水平，**表示 5%的显著性水平，*表示 10%的显著性水平

四、稳健性检验

当因果关系链条比较复杂时，传统的最小二乘（ordinary least squares，OLS）法无法进行稳健性检验（Abernethy et al.，2008），结构方程虽然带来样本选择偏差问题，但能够较好地检验参数的显著性（Lent，2004）。因此，本书继续采用结构方程模型来检验我们推断的因果关系是否成立。我们将整个调研数据按西藏、青海、其他地区（云南、四川、甘肃）分成三类，分别进行检验（检验结果见表 6.9～表 6.11），以反映三种地区类型的结构方程模型参数及结果。从检验

指标看，路径参数估计值的显著性与本书的结果基本一致。另外，本书还对每个因果关系用 OLS 法进行回归分析，统计结果并无明显差异，说明本书的结论很稳健。

表 6.9　西藏地区结构模型评估

面板 A：结构模型评估

拟合优度统计量	指标值	可接受值
χ^2/df	2.869	<3.0 接受
CFI	0.9031	>0.9 接受
GFI	0.9131	>0.9 接受
RMSEA	0.9208	>0.9 接受
AGFI	0.9412	>0.9 接受
RMR	0.9018	>0.9 接受
NFI	0.9122	>0.9 接受
IFI	0.9215	>0.9 接受

面板 B：结构模型结果

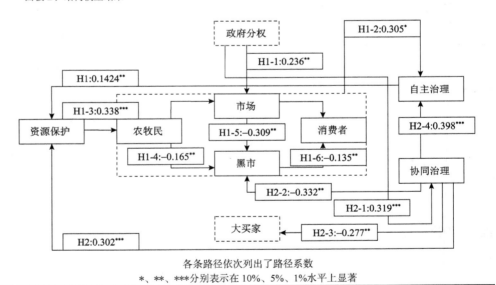

各条路径依次列出了路径系数
*、**、***分别表示在 10%、5%、1%水平上显著

表 6.10　青海地区结构模型指标检验及结果

面板 A：结构模型评估

拟合优度统计量	指标值	可接受值
χ^2/df	1.963	<3.0 接受

续表

面板 A：结构模型评估

拟合优度统计量	指标值	可接受值
CFI	0.9534	>0.9 接受
GFI	0.9099	>0.9 接受
RMSEA	0.9456	>0.9 接受
AGFI	0.9433	>0.9 接受
RMR	0.9006	>0.9 接受
NFI	0.9312	>0.9 接受
IFI	0.9579	>0.9 接受

面板 B：结构模型结果

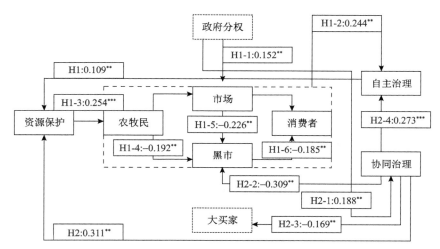

各条路径依次列出了路径系数
、*分别表示在 5%、1% 水平上显著

表 6.11　其他地区结构模型指标检验及结果

面板 A：结构模型评估

拟合优度统计量	指标值	可接受值
χ^2/df	2.532	<3.0 接受
CFI	0.9006	>0.9 接受
GFI	0.9013	>0.9 接受
RMSEA	0.9732	>0.9 接受

续表

面板 A：结构模型评估

拟合优度统计量	指标值	可接受值
AGFI	0.9175	>0.9 接受
RMR	0.9085	>0.9 接受
NFI	0.9164	>0.9 接受
IFI	0.9088	>0.9 接受

面板 B：结构模型结果

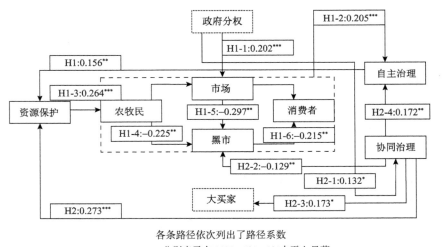

各条路径依次列出了路径系数

*、**、***分别表示在 10%、5%、1%水平上显著

第四节　总　　结

　　本章根据"农牧民—市场—黑市—消费者"的冬虫夏草配置模式，将资源保护、资源配置模式、多中心治理等内容融汇于统一的研究框架中，借助问卷调研数据，得出了一些有意义的结论。

　　从自主治理路径看，在政府分权条件下，农牧民、市场、消费者等治理主体在自主治理框架下，能够保护好青藏地区冬虫夏草资源。农牧民自主治理与政府分权间存在显著的正相关关系，市场的自主治理略次于农牧民的自主治理和消费者的自主治理；"农牧民—市场—黑市—消费者"模式治理的目标是压缩黑市交易生存的空间，只要政府分权，农牧民、市场和消费者就会产生积极的正向作用，抵制黑市交易行为。

从协同治理路径看，农牧民、市场、消费者等治理主体间的协同治理与政府分权有显著的正相关关系；农牧民、市场、消费者通过协同治理，能够有效地保护冬虫夏草资源；农牧民、市场、消费者通过协同治理能够有效抑制黑市交易和大买家的行为。

通过自主治理和协同治理，青藏地区冬虫夏草资源得到有效保护；冬虫夏草资源对农牧民增加收入起着十分显著的作用；在冬虫夏草产业链的治理过程中，协同治理占据首位，协同治理产生的效应对提高农牧民、市场、消费者自主治理能力，具有明显的促进作用。

第七章　措多乡和苏鲁乡冬虫夏草产业链治理经验

本章通过研究西藏那曲市嘉黎县措多乡和青海省玉树藏族自治州杂多县苏鲁乡对冬虫夏草产业链治理的典型案例，总结冬虫夏草资源保护、采挖、交易等产业链环节的经验，探讨措多乡和苏鲁乡村庄式治理的路径和方法。

第一节　措多乡情况介绍

西藏那曲市嘉黎县措多乡位于东经 92.554 97°，北纬 30.466 315°，嘉黎县西南部，距县政府 63 千米，平均海拔 4717 米。2014 年全乡辖克德棍巴、那布棍材、沙热多、错果、热须、哈果、多就、德尔庆、次钦 9 个村，2014 年总人口为 0.16 万人，纯牧业乡，以牧养牦牛、山羊、绵羊为主。草山植被很脆弱，全乡牦牛总计 2.8 万多头，羊 1 万多只。全乡牧民中：50 岁以上基本为文盲；40～49 岁 90% 为文盲，剩下 10% 为小学文化程度；30～39 岁文盲占 20%，高中文化程度占 2%，初中文化程度占 31%，小学文化程度占 47%；29 岁以下高中文化程度占 31%，初中文化程度占 39%，小学文化程度占 30%，根据 2014 年统计，全乡只有 1 名大学生。全乡虽然建有采石场，但没有工业和其他商业活动，所以经济来源除牛羊外（一般情况下由于植被不好，牛羊的出栏率很低，所以牧民不直接变卖牛羊，只变卖加工的酥油），主要依靠冬虫夏草。根据 2014 年 8 月的调研[①]，2009～2014 每年双劳力家庭的平均收入为 15 万元，其中，冬虫夏草收入占 93%，畜产品占 5.7%，其他收入占 1.3%。冬虫夏草的采挖人数按家庭统计，1 人的占 2%，2 人的占 72%，3 人的占 14%，4 人及以上占 12%。对冬虫夏草进行规范采挖的占 85%，不规范采挖的占 15%。

---

① 本章的数据和案例资料来源于作者 2014 年 8 月深入到西藏那曲市嘉黎县措多乡进行实地调研，调研表见附录一。

第二节　措多乡冬虫夏草产业链的形成过程

一、农业区人员采挖阶段

2000～2004年，青藏地区农民的主要收入方式是进城打工。随着市场经济的不断完善，冬虫夏草的市场价格不断攀升，在高价格驱动下，农民将增加收入的视角转移到采挖冬虫夏草。一些农民通过缴纳草地地皮费，深入到西藏那曲市嘉黎县措多乡的草场，采挖冬虫夏草。将采挖的冬虫夏草带回农村，与走街串巷的收购者（大买家）进行交易。

二、自挖阶段

2005～2007年，随着农民采挖冬虫夏草的信息不断充分，牧民也开始重视冬虫夏草，刚开始一些拥有草山的牧民，边放牧边采挖冬虫夏草，采挖的冬虫夏草主要依靠上门收购的大买家进行交易。这一阶段产业链很短，其形式为"牧民+大买家+消费者"。大买家将收购的冬虫夏草通过隐形渠道贩卖到省（自治区）外或国外，赚取高额利润。

三、农牧民共同采挖的混乱阶段

2008～2010年，虽然当地政府以提高冬虫夏草采挖的缴纳费用、办理采挖证、限制地域等手段限制农业区农民的采挖行为，但通过冬虫夏草收入先富起来的牧民移居到县、州（市）、省（自治区）的所在地，购买了住房，将自己的草山每年出租给一些采挖冬虫夏草的组织者（一般情况下是大买家），而这些组织者雇用农业区农民进行采挖。当地收入不高的牧民将冬虫夏草作为增加收入的部分来源，每年也进行采挖。这一阶段产业链表现为"牧民（城市居住者）+采挖冬虫夏草的组织者（大买家）+（农民+牧民）+大买家+消费者"。

四、规范阶段

2009年以后，西藏自治区出台了《西藏自治区冬虫夏草交易管理暂行办法》，那曲市建立了西藏那曲市冬虫夏草交易市场，市县成立了专门收购和加工的企业，负责收购牧民采挖的冬虫夏草。这一阶段冬虫夏草产业链慢慢演变为"牧民+企业+市场+消费者"。

第三节　措多乡冬虫夏草产业链治理的经验提炼

一、采挖环节

在政府积极采取对冬虫夏草资源保护方式和手段的同时，措多乡牧民以乡、村，特别是以村为单位，在冬虫夏草采挖期投入一定的人力、物力，进行村庄治理，按照本村、本民族的文化、道德、宗教、信仰，约束和限定对冬虫夏草资源造成破坏的行为。村庄治理的机制是本村所固有的传统文化和习惯，治理结构要在政府的倡导下，以村为单位，村主任负责，以村民利益为根本，以增加农牧民的收入为前提，杜绝本村富裕户、有工作或有固定收入的人员和外来人员采挖冬虫夏草。措多乡每年勘探和规划草山中冬虫夏草分布状况，根据冬虫夏草的休眠期限（一般为1～2年），通过休山、轮山方式，合理布局采挖的草山。

二、交易环节

借助那曲冬虫夏草交易市场、拉萨冬虫夏草交易市场，与专门的冬虫夏草收购公司进行交易。在交易的过程中，措多乡以村为单位，在村主任或市场行情了解人引导下进行集体交易。一般情况下牧民不直接与大买家进行交易。

三、成立冬虫夏草牧民协会

措多乡形成了以热须村为单位，其他八个村为代表的冬虫夏草牧民协会，负责宣传冬虫夏草管理的政策、了解冬虫夏草市场行情、进行冬虫夏草交易、部署采挖期草山的采挖等。

第四节　苏鲁乡冬虫夏草产业链治理的经验提炼

一、苏鲁乡情况介绍

苏鲁乡位于杂多县东南部，南接西藏自治区，距县政府驻地 44 千米。2014

年全乡人口 0.4 万人，以藏族为主，藏族人口占总人口的 99%；面积为 1730 平方千米。由山荣、新荣、多晓 3 个牧委会组成。2014 年人口中文盲比例占 47%，高中文化程度占 12%，初中文化程度占 21%，小学文化程度占 20%。以牧养牛、羊为主，经济来源依赖采挖冬虫夏草。

二、苏鲁乡冬虫夏草产业链形成阶段

苏鲁乡的冬虫夏草产业链形成阶段与西藏基本接近，也是从 2000 年开始，由农业区农民的介入、牧民自挖、农牧民混合采挖到现在的杜绝农业区农民采挖。

三、苏鲁乡冬虫夏草产业链治理的经验

（一）采挖人员的管理

苏鲁乡是杂多县冬虫夏草的主要产区，每年进入苏鲁乡采挖冬虫夏草的人数有 1 万人左右。苏鲁乡对采挖冬虫夏草的人实行"分批放行，有序进入"的管理办法。另外，每年到冬虫夏草的采挖季节，玉树藏族自治州对全州的中小学放假一个月，让学生采挖冬虫夏草。对外来人员采用严禁措施，对本地人员发放冬虫夏草采挖证书，并且本地人需缴纳 1200 元的资源补偿费，用于采挖季过后草原生态的维护。

（二）自主治理

按照当地藏族风俗习惯，在采挖期的每月农历初一及十五日时，采挖冬虫夏草的人员会停止采挖，收集采挖时所产生的生活垃圾，并从采挖区域运至所在乡镇以便当地卫生部门回收。

（三）政府设立监管人员

每年的采挖季节，苏鲁乡政府会设立专门监管人员，核实进入苏鲁乡的冬虫夏草采挖人员的证件，收缴采挖费用，管控秩序，合理安排采挖人员的采挖归属地。

（四）交易环节的监管

严禁外来人员在采挖地收购冬虫夏草，允许正规企业收购冬虫夏草。苏鲁乡

成立了冬虫夏草牧民协会，在"政府引导、协会协调、牧委会协同"的框架下对冬虫夏草进行保护、监管、交易。

第五节　总　　结

　　本章通过对西藏那曲市嘉黎县措多乡和青海玉树藏族自治州杂多县苏鲁乡的调研，提炼冬虫夏草产业链治理中的经验，主要有：采挖环节上的村庄治理；休山、轮山治理；分批放行，有序进入；缴纳采挖费；发放采挖证；藏族风俗治理。交易环节上成立冬虫夏草牧民协会，进行集体交易，杜绝收购商。这些治理路径和方法为后面架构冬虫夏草产业链治理的策略奠定了良好基础。

第八章　青藏地区冬虫夏草产业链治理机制的设计

第一节　冬虫夏草产业链延伸机制研究

一、产业链延伸机制

我国很多学者对产业链的延伸机制进行了研究。产业链延伸一方面是纵向向上游延伸或向下游拓展；另一方面是横向向兼并、重组扩展延伸（周路明，2003）。肖芬等（2009）也指出产业链延伸是对现有产业链的拓宽。也有学者从产业链的内含链角度分析研究。王友云（2014）在研究产业链时，集中考察价值链、企业链、供需链、空间链的方方面面，最后提出将上、中、下游统筹后，实行产业集群形式，可以扩大销售。汪延明（2015b）从空间链、企业链、技术链、信息链延伸的影响因素出发，提出了贵州山地特色农产品产业链延伸路径，指出必须通过建立"辐辏"式产业链走出"农户+公司"模式。有些学者则从产业链的外部环境、产品的国际竞争力出发进行研究。卢明名（2010）提出在产业链延伸层面，应该重视技术创新能力、企业间合作能力、政府协调能力。也有学者建立了产业链延伸的指标体系。李海波（2013）运用问卷调查和专家咨询的办法确定影响中药产业链延伸的评价因子，运用层析分析法确定评价因子的权重，并在此基础上构建了中药产业链延伸的评价指标体系。张梅芬和潘孝军（2015）认为基础条件是煤炭产业链延伸的重要影响因素，技术创新因素及资金运转能力是产业链延伸的驱动因素，煤炭企业的投资能力是影响产业链延伸的关键因素，还有其他外部因素也影响产业链延伸的进程，通过加强资源勘查及评价、提高自身管理能力、利用科技创新开拓产业链领域、合理规划投资、政府政策支持来促进产业链延伸。

二、冬虫夏草产业链延伸中的影响因素分析

产业链延伸对于公司来说就是产业链整合，是为了保持其竞争优势，产业链核心企业对上下游企业进行整合，形成以关键企业为核心的优势主导产业或者产

业结构。一方面是某一环节多企业横向合并、重组，以及产业链不同节点企业横（纵）向整合；另一方面是横向整合与纵向整合相结合。从价值链角度出发，产业链延伸策略主要表现为：第一，完善已经存在的价值链，核心企业为了维持竞争优势，控制产业链的上下游，与相关企业进行并购或者战略合作，如分销渠道、研究开发等。第二，挖掘新的价值链，龙头企业在主导业务外挖掘新的业务，如开发新产品，由于企业对新业务不熟悉或开发这种新产品风险大或企业自身很难独自开发出这种新产品，因此企业需要与其他企业进行战略合作。

目前，对于产业链延伸影响因素的研究文献只有零散的几篇。周飞跃（2005）提出影响中药产业链延伸的五大关键因素：技术发展水平、资源禀赋条件、市场结构、独有能力和外部支持条件。并且，周飞跃对五大关键因素的有效性做出了检验。肖芬等（2009）指出产业利益、人力资源、环境保护、公众促进、市场需求都积极影响产业链延伸；阻碍因素有技术成本、经济风险、自身管理、资源枯竭。李海波（2013）认为促进产业链延伸的因素有以下几个方面。第一，在技术层面，企业连续生产使得成本变低或者产业链延伸后质量能控制得更好。第二，在经济层面，企业降低运营成本，获得垄断利润。第三，在开拓新市场层面，企业开发有潜力的新产品，提高市场竞争力。第四，企业获得当地政策支持，将在资源利用上具备比较优势，企业所在地方科研条件可以引领企业占据产业链高端环节。

冬虫夏草药用价值高，医学上认定其对人体有良好的滋补作用，其药理和保健性受到市场追捧。冬虫夏草对人体循环系统、呼吸系统、免疫系统、消化系统等均有一定作用，如冬虫夏草具有抗菌、消炎作用，抗肿瘤作用，调节免疫作用，对肝损伤的保护作用，抗心律失常作用，降血糖作用，镇静作用，抗缺氧、抗疲劳作用。目前已经开发的冬虫夏草产品不少，但是大多科技含量低，多为原始产品，产品包装差，品牌效应不强，很难满足消费者的个性化需求，难以将利益最大化，更难以惠及当地农牧民。大多企业停留在卖原草阶段，缺少新产品和对这一市场的深度开发。冬虫夏草深加工技术落后、产品附加值低，易被外商操纵。在这种情况下，对冬虫夏草产业链的延伸就是通过深加工，充分开发其药用价值，生产多种多样的产品，只有这样才能实现市场供小于求的情况，才会让农民切实享受利益。近几年，冬虫夏草价格高、需求旺盛，大多数冬虫夏草企业仍以出售散装冬虫夏草为主，未充分利用科学技术生产出多样化产品，在确保其医用价值等情形下未满足消费者个性化需求。针对目前冬虫夏草产业链发展现状，站在冬虫夏草产业链延伸的宏观角度，结合学者的经验，本书得出影响冬虫夏草产业链延伸的因素为技术发展水平、关键资源禀赋、市场结构配套、外部支持条件。

（1）技术发展水平。目前国内以冬虫夏草资源为主要原料开发出了多种成药及其制剂，如虫草川贝膏、虫草清肺胶囊、虫草五味颗粒、复方虫草补肾口服液、虫草双参酒等，还有多种保健品，如虫草王口服液、虫草超微粉胶囊等。提高技术水平的目的，是通过深加工提高冬虫夏草产品的附加值，让消费者能够获得多样的、高质量的保健品及药品。提高技术发展水平主要是指在产品开发时进行技术创新，建立冬虫夏草的联合科研体系、产业专有技术。同时，在产业链延伸层面，可以考虑建立冬虫夏草旅游区，21世纪在人们追求更好的生活环境的情况下，消费者有亲近自然、亲自体验的需要，通过建立冬虫夏草体验旅游，消费者不仅可以体验青藏地区独特的自然风光，还可以亲自观察冬虫夏草的生长、加工，也可以专门建立冬虫夏草采挖区，让消费者在专家的指导下亲自采挖。

（2）关键资源禀赋。首先，冬虫夏草资源条件受地理环境、气候环境、人文环境的影响，为了保证冬虫夏草资源的供给，应该保护自然环境，为冬虫夏草创造适宜的生长环境；其次，在资源采集上，应选择合适的时期，保障资源的合理再生。应该将冬虫夏草的生产、加工专业化，减少冬虫夏草的不当浪费，提高资源利用效率。在关键资源禀赋的维护下，培育和引进专业人才是关键。

（3）市场结构配套。市场企业是指企业组成及其相互关系。根据第四章的研究，目前冬虫夏草资源配置主要有三种主要模式：第一种是"农牧民—市场—黑市—消费者"模式；第二种是"农牧民—市场—大买家—消费者"模式；第三种是"农牧民—企业—大买家—消费者"模式。从这三种模式出发，我们可以寻求更为合适的市场结构，培育促进冬虫夏草产业市场结构良性发展的基地，其中，发展完善的销售网络是关键。从生产、加工到销售，各个阶段都要在满足市场需要的前提下进行完善。

（4）外部支持条件。冬虫夏草产业的外部环境对其产业链延伸有重要影响，包括产业政策、社会需求结构、外部关联产业等。相关政府、部门要积极制定配套的政策规范冬虫夏草的生产与销售，同时发展外部关联行业进一步服务冬虫夏草的发展。

第二节　冬虫夏草产业链节约机制研究

一、产业链节约机制

产业链节约是一个较新的话题，文献中检索不到产业链节约的文章。经济活动的节约是相对交易费用而言的。科斯认为交易费用包括谈判、讨价还价、拟定契约、实施监督来保障契约条款按要求履行等多种费用。威廉姆森将交易费用分为事前草拟合同成本、谈判成本，以及事后不适应成本、讨价还价成本、建立成本、运转成本、保证成本。学者们对交易费用的具体构成尚无定论，但绝大部分学者认同交易费用指整个交易过程产生的一系列费用。

在整个产业链运作过程中会产生大量交易费用，加强产业链条上各个环节的协同合作，可以降低交易费用。战彦领和周敏（2008）认为产业链整合是让资源范围更广，从外向内延展是企业为节约交易成本，实现资源从狭义向广义、外部向内部的转变。产业链整合就是以某个核心企业为中心，链上其他节点企业或有关组织之间通过竞争与协同，在技术创新的驱动下实现包括资源、资本、信息和技术等生产要素的优化配置。相关行业协会、政府机构要发挥自身优势，通过政策引导、鼓励、支持产业链整合，同时也要降低整合成本。而市场则通过自由竞争来优化和配置资源。产业链整体是否整合、延伸，由很多因素决定，不可忽略的是交易费用内部化带来的经济效益。任迎伟和胡国平（2008）认为在某个特定地理区域内，目标需求一致、提供相同产品与服务及配套设施的企业间紧密联系，为提升自身竞争力，以确立具体分工为基础，在某一或某些产业中有较高权威，占有一定市场份额。这些企业互利共赢，在市场中谋求"大蛋糕"，再分"蛋糕"。各个企业之间共生行为并不完全相同，但通常是在公平、公正条件下，实现合作共赢的。具体而言：首先，破除空间阻碍后，企业交通运输成本极大降低；其次，长期合作建立信任，诚信与信赖关系向良好的方向发展，使企业的各种机会主义行为大为减少，相互的信任使各种有关战略、人才、产业、市场知识等信息实现共享，让外部费用内部化，降低各类成本。由此可见，共生带来交易成本的节约。汪延明（2015a）认为选取适当的资源配置方式，可以节约交易费用。要求在足够自由市场机制下，价格机制能有效地配置资源，消费者、生产者遵循竞争规则，在供需平衡下达到帕累托最优。在市场失灵时，资源拥有者选择由企业配置，企业通过价格调整实现纵向一体化，减少交易费用。当市场和企业都失灵时，在政府配置资源的成本小于市场交易成本和企业内部的管理成本时，可由政府的行政决定影响资源配置。而在青藏地区，依据冬虫夏草的资源配置三种主要模式，采取相应措施，节省交易费用，实现资源配置最优。

二、冬虫夏草产业链节约中的影响因素分析

（1）冬虫夏草产业链中核心企业的数目及规模。核心企业依靠竞争力、影响力对产业链上下游的资源进行协调、整合。核心企业规模越大，其整合资源的能力越强；核心企业数目越多，对节约交易费用的控制越好。当市场机制越来越完善时，在社会化分工基础下，企业在成本约束下做出各项决策，产业链上下游自发自主产生协同，寻求规模经济，以降低生产成本。企业的平均成本与企业规模挂钩，当企业自身成本低，就不会寻求专业化生产，企业更愿意实施纵向一体化；反之，走向纵向分解。在冬虫夏草产业链中，要培养或者引进核心企业控制资源，扩大核心企业的规模实现规模效应；增加核心企业的数目，进一步控制交易费用。

（2）冬虫夏草产业链中各个节点企业的协同能力。协同治理能够限定大买家行为，压缩黑市交易的生存空间。各个节点企业间协调共生，能够将内部交易费用降到最低。各个节点企业间的协同还能实现信息的共享，有利于消除信息的不对称。冬虫夏草产业链中各个企业间的协同能力不仅考验每个企业自身的生产技术，也考验每个企业的信任机制，只有在物质生产和精神支持双重条件下，才能发挥协同作用的积极作用。

（3）冬虫夏草产业链中各个主体的自主治理能力、专业化分工能力。在政府分权条件下，农牧民、市场可以通过自主治理来抑制黑市交易，节约交易费用。产业链共生体内的企业更容易找到企业化的雇员，而且企业化雇员更容易创新，能产生超额经济价值。专业化效应让企业人才库充裕，利于企业发展。通过自主治理、提高企业自身核心竞争力，有利于成本费用的节约。冬虫夏草产业链中，各个企业的自主治理在自身利益的驱动下有利于效率最大化，同时专业分工有利于发挥资金技术的专用性，实现技术创新，发展比较优势，从而降低成本费用。

（4）冬虫夏草产业链信息共享能力。Childhouse 和 Towili（2003）的研究结果表明，信息共享的程度能够提高交易频率，降低信息延迟带来的成本。Kasuga 和 Towin（1999）进一步提出信息共享的质量维度，即信息的及时性、准确性、可靠性、适当性。在产业链治理过程中，上下游之间存在着供需关系，只有信息在整个产业链共享，才能保证信息的完全，其中信息交流平台是关键因素。在冬虫夏草产业链中，各个环节政府、企业、农牧民的信息共享，都有利于市场信息的交换；市场供需、生产技术等的共享，有利于整个生产链乃至整个行业的发展。在信息共享方面，可以考虑利用大数据、"互联网+"技术，建立信息共享平台，实现信息的及时全面更新，避免闭门造车。

第三节　冬虫夏草产业链高效机制设计研究

一、产业链高效机制

赫尔曼·哈肯（Hermann Haken）在其 1973 年发表的《协同学》著作中，将协同定义为整个系统的各部分之间的相互协作，与微个体不同，其呈现出全新的结构特性。协同效应即增效作用，简单表示为"1+1>2"，也就是多个个体一起产生的总效用大于单个个体效用的简单加总。波特指出协同效应突出，可以增强竞争力、创造力。第一，那些相互支持和补充的不同业务单位主体间协同，能实现价值创造。第二，业务单位之间相关性程度越大，协同效应越明显；这种关联性提高了协同可能性，从而获得竞争力。Donahue 和 Zeckhauser（2008）指出，协同治理就是撇开政府，市场经济主体合作，追求经济效应或者社会效应。社会不同主体参与度、多样交互性、主体理性程度都与协同作用效果息息相关（杨清华，2011），同时，信任在社会生活中无处不在，同样只有交流、信任、诚信才能构建稳健的协同（欧黎明和朱泰，2009；陈第华，2000）；张勇和何海燕（2009）认为主体间联合起来发挥资源优势进行技术创新，并及时平衡经济利益、在各环节实现信息流通共用是协同产生的缘由。马士华等则强调供应链上企业之间的资源整合、组织关系协调和供应链业务流程协作可以保证更高的收益，也可以保证以更低的成本并有效地满足客户需求，总之，在整个过程中，协同效应可以提升供应链整体竞争力，获得竞争优势。汪延明（2012）提出了"协同治理=

沟通+交流+合作"等式。汪延明（2015b）认为农牧民、市场、消费者通过协同治理，能够有效地保护冬虫夏草资源、有效抑制黑市交易和大买家的行为。在"政府+农牧民+行业协会+公司"的资源开发和利用模式中，政府通过政策限定和引导来强化农牧民对冬虫夏草资源的利用与保护能力；行业协会通过冬虫夏草市场信息来调节农牧民和公司两者的利益均衡问题。鼓励农牧民在冬虫夏草资源保护方面投入一定的人力、物力，实行"村落式"治理。在市场中建立"公平交易平台"，通过行业定价，压缩黑幕交易的利润空间，政府采取相关补贴，鼓励农牧民积极参与市场交易，以杜绝直接将冬虫夏草转手于大买家。消费者应理性区分效用偏好，积极参与正规市场的交易活动，杜绝黑市交易。构建政府倡导下的协同交流平台，平台中应突出冬虫夏草行业协会的组织功能，将治理主体合理组织起来沟通、交流和合作，提升治理主体的自主治理能力；通过协同治理形成专用性资产，由此上升到信息共享层面，构建持续性保护冬虫夏草资源的信任治理机制。

二、冬虫夏草产业链高效中的影响因素分析

2000 年，美国田纳西大学提出，技术显而易见影响协同效果，但并不认同其关键性，一般来说，人为活动、兴趣偏好、内心期望、信任诚信是关键因素。这一点得到 Barratt（2004）的赞同，指出信任、信息、沟通等是关键因素，同时指出很多因素可以是协同作用的正面积极因素，也可能起到反作用。国内学者凌鸿等（2006）则从组织、环境和技术三个角度分析了供应链协同的影响因素，其中，组织因素包括企业文化、企业战略、激励机制等；环境因素包括市场竞争环境、供应链管理复杂性等；技术因素包括跨组织 IT 设施、协同软件及安全和弹性等。陈钦兰（2007）则认为，内部、外部很多因子都会影响协同作用效果，外部因子分为资源依赖、效益导向和管理机制；内部因子包括合作关系（沟通、信任、相助）和合作绩效等。结合冬虫夏草治理过程中主体间的利益博弈的现实，冬虫夏草产业链的影响因素包括以下几个方面。

（1）冬虫夏草产业链节点企业之间的信任关系，在供应链中将人际信任定义为成员企业主观上依赖其他企业的一种信心，人际交往具有扩散性。Sandy（1999）认为，企业之间的人际信任是通过长期的知识交流、相互支持、相互理解形成的

感情，有利于企业间的合作，有利于保证相互间的利益关系。Korczynski（2000）认为，人际信任是供应链企业间互动人员长期保持的善意和信心，它产生于企业间的利益，也同时服务于企业本身。在冬虫夏草产业链中，各个节点企业间的信任是协同的前提，是高效协同的保证。

（2）冬虫夏草资源配置主体间的共赢利益模式。市场、政府及各大小企业在资源配置过程中，应在保证政府、农牧民、消费者的利益的前提下实现共赢，自觉维护市场秩序，纠正市场的不公平竞争。只有实现共赢，对各个主体才会产生正向激励作用，才会提高生产、交易效率。在冬虫夏草产业链中，各个主体只有实现共赢，才能保证交易的平等性，以及市场合法化、合理化。

（3）冬虫夏草产业之间的深度连接。冬虫夏草产业链中农牧民采挖、企业加工、企业销售系统需要紧密相连，需要建立完备的信息交流系统，在产业链条中间实现信息、价值的流通。目前以冬虫夏草为依托，形成了与其密切相关的产业，包括冬虫夏草资源系列、冬虫夏草产品加工系列、冬虫夏草资源衍生品系列等。

第四节　冬虫夏草产业链健康发展机制研究

一、产业链健康发展机制

关于产业链健康，学者大都从产业链整体竞争优势来研究，而竞争力内在表现为经济效益高效、生产力高效（Porter，1990；金碚，2002a），芮明杰等（2005）的研究结果显示产业竞争根源在于基础知识吸纳与高深技术创新，而进一步研究认为有效的产业链为竞争优势奠定了坚实的基础。陈志等（2009）对竞争力来源进行了实证分析。国外很多学者对供应链竞争力进行了研究，却鲜有对产业链竞争力的研究。杨锐（2012）指出以特定地域为研究对象出发，地区需要针对自身资源、产业现状进行分析定位，明确发展重点，当然在经济发展动态过程中，需要设立动态调整方案之后寻求适合的企业协同，适宜的产业结构与产业融合、高效的产业组织等都有利于产业链动态调整能力的实施，同时有利于形成竞争力动态可持续力量。纵使相同产业链，在不同地域，面临不同经济环境都会有差异，特别是在产业布局、产业链合作紧密型等方面存在较大差异。刘烈宏和陈治亚

（2015）提炼了电子信息产业链竞争力影响因素。郭红和邹弈星（2009）指出应该通过提高技术创新转化为经济利益的能力、加大龙头企业带动示范性、加大科技成果实践、提高农民知识技术水平与组织力度来实现产业链整体高效发展。产业链的区域品牌效应能促进产业链竞争力发展。产业品牌与地域特色紧密结合，以地域完善的配套设施、产品服务功能等作为保障性，扩大核心领域的影响力，以点带面发挥经济价值，在特定产业示范辐射效应下，激励其他产业实现集聚效应，吸纳成功技术、管理经验，从而从根本上实现技术、知识创新，为最终各个产业竞争力提供不竭动力。一方面，在产业链生命过程中，区域品牌应运而生。企业专业化优势体现后，进行协同合作，呈现网络式集聚发展，又以产业链条作为突破，通过有效的组织、管理，将交易成本内部化、分散信息共享化，分散市场确定性与不确定性风险，从根本上改变单个企业在组织、管理、技术上的低效率。取长补短、专业化下的比较优势为交流、合作提供了基础，为集体创新提供了资金保障，同时也激励企业内部积极发展以获取认同感、分配更多经济利益，共同为区域发展提供动力。产业链中，各种类似或者表面差异大但内部联系密的企业联合起来，在交流沟通过程中，竞争合作、相互依存、共同创新，将"蛋糕"做大，并获取自身利益最大化，在此过程中生产专业、销售专业、管理专业优势，促使区域品牌迅速孕育。另一方面，产业链运作模式又会加速区域品牌运营，提升其余品牌知名度。群体组织一般情况下更容易获取市场认可，更容易调动企业营销积极性。

二、冬虫夏草产业链健康发展中的影响因素分析

产业链分工的程度影响产业活动的不完全竞争程度，进而产生产业租金，最后形成竞争力。专业技术、知识分工，严谨高效的组织制度，使得动态发展有迹可循，对生产、管理各个过程实时监控、及时调整，使产业链高效、健康发展。在产业链发展的过程中，分工之所以在完善中成长，是因为市场容纳程度的扩大，因而企业等系统建立关系的可能性增加。分工后必然要交流，实现信息共享，进而实现协同有效。产业链中组织结构并不是一成不变的，产业结构也在动态变化中，这都是在协同效应下不断发展的，这种模式可以产生经济系统的动态效率。产业链的空间层面、空间密度、各个产业构成与融合度都是需要考量、研究的。

杨锐（2012）认为产业链竞争力的源泉包括生产率、组织效率、结构效率或知识溢出的结果。冬虫夏草的优劣判断非常复杂，很多商家为了自身利益作假，产品鱼龙混杂。经营冬虫夏草的公司和个人多，但具有一定规模的较少，甚至有些公司没有办理营业执照、税务登记证、流通许可证。监管不力给部分不法商贩掺假作假、以次充好的行为提供了生存空间。青藏地区冬虫夏草产业相关企业规模较小、竞争力相对薄弱，目前缺少龙头大企业，总体呈现产业零散、市场不规范、价格波动大、经济拉动作用有限等特点。因此，必须利用现代科技对冬虫夏草深加工，提升其产品附加值，完善市场运行监督管理机制。结合现有相关文献，冬虫夏草健康发展有以下影响因素。

（1）冬虫夏草产业链组织效率。冬虫夏草产业链治理模式根据政府干预力度、网络集中度，分为垂直网络组织模式、共享治理模式、行政治理模式三类。Scott（2006）研究发现企业竞争优势源于主体之间更好的互动，这个互动是指搜索、协调和监控交换产品、服务与信息的活动，涉及主体之间的信息交换，判断决策和利用与同事及供应商的多种知识交换。产业链链条的凝聚性，强调各个主体之间的关系质量，包括产业结构的凝聚性和产业链所在区域的凝聚性。凝聚性主要包括关系的互惠性、成员之间的接近性、成员之间的关系紧密度。产业结构的凝聚性包括产业链的信息网络及行业云建设、集体意识。Fainstein（2001）认为社会凝聚性有助于推动城市经济发展，提高长期竞争力。第一，竞争力意味着增长一定是市场驱动的而且是依赖私人部门的。第二，凝聚性意味着社会联结和信任，但不是必然的公平。不同地区的产业链治理模式引起的组织效率差异，包括产业链上经济活动的微观组织模式和产业链上经济活动的空间组织模式。产业链上经济活动的微观组织模式是企业在正常条件下，自发选择和形成的一种组织模式，旨在对经济活动进行有效的协调，以节约费用和创造价值。产业链上的企业组织模式，既要反映分工程度，又要刻画企业间关系结构特征。产业链上经济活动的空间组织模式主要受政府和市场两种资源配置方式的影响，因而有不同的类别。产业链上各个产业的聚集度之和代表产业链上各个产业在空间的协同聚集状态，这样就可以区别各地区之间产业链聚集度的差异。

（2）冬虫夏草产业链生产率。市场规模、联系度共同作用分工程度，进而影响生产率差异。大的市场允许企业利用规模经济，而且国内需求决定一个国家企业的市场规模产业链所属空间的联结密度，这包括两个方面内容：一是产业链上各个产业在所在地区的聚集度差异；二是产业链所在地区的联结密度。广泛的和高效的基础设施有助于提高产业链所在地区联结密度，它对确保经济的高效运行非常关键，它决定着经济活动区位和活动类型。

第五节　冬虫夏草产业链可持续发展机制设计研究

一、产业链可持续发展机制

可持续发展强调时间的延续性，强调现在和未来的发展能力，以及其满足需求的能力。其主要体现在发展，主要反映的是资源持续利用、生态环境良好，实施关键是完善决策、治理机制，增加全民参与度。梁浩和王渝（2001）建立了博弈模型研究供需链的稳定。陈甫军和徐强（2003）的研究结果显示随着约束条件的不断变化，产业集聚或许瓦解，或许转变成其他区位布局形式。王春晓等（2003）从不同角度，对企业信任形成、高峰、低谷进行了研究，突出了企业间长期博弈过程。蒋国俊和蒋明新（2004）认为产业链可持续发展是企业相互竞争、利益追逐、信任协同共同作用的结果，产业链较企业单打独斗的最大优势体现在"战略协同"，通过达成利益共同体共同体现价值，但是战略协同是否稳定则受到企业价值认同感与企业间利益分配、满意度的影响，企业间平衡尤为重要。任迎伟和胡国平（2008）强调产业链"共生"理念，指出在此理念下，各行为主体联合起来创造经济利益，在利益追逐过程中自发地、主动地形成某种"共生"模式，全产业链企业在一个共同环境下生存、竞争、协作，相互依托共生。也就是说产业链就是"共生"理念下，相互竞争、相互协同下形成的利益共生体，并相互依存。共生理论的提出对产业链发展实质做了本质性概括，共生环境必须积极向上，共生主体规模适度、共生组织协同、共生行为主体沟通交流有效都是共生化长期可持续的有效保障。其中，每一个环节都至关重要，从而最终实现互惠互利、长期共赢，产业链组织模式则是基础，是保障。任迎伟和胡国平（2008）进一步对产业链并联耦合进行了形象直观的设计，如图 8.1 所示。

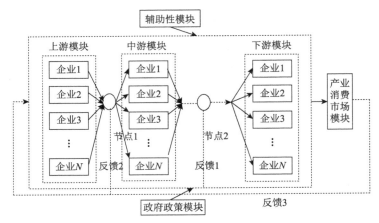

图 8.1　产业链并联耦合设计

由此可知，为了冬虫夏草产业链的平稳高效，在产业链各个节点可以增加合适的企业；为了产业链内信息与市场信息有效对接，提高信息准确性、全面性、共享性，应该确保产业链各节点组成的企业有固定有效的指标进行评定、反馈，从而在各阶段进行调整以实现结构更优。并联耦合机制旨在确保全产业链健康持续发展，在稳定的同时提高效率。冬虫夏草产业链各企业需要竞争、激励机制来提高效率，让企业间形成竞争氛围，提高效率、提升附加值来提高竞争优势，从而获取更好的生存空间。此产业链并联耦合设计：一方面保证产业链系统稳固可持续；另一方面从内到外逐一提高效率，从而构成产业链整体竞争力。当然，在产业链发展过程中，技术、知识创新尤为重要，各个企业、部门需要在产品生产、销售过程进行有效创新，还要在管理制度等层面创新。更为重要的是在当代社会，企业健康可持续发展，不仅要追逐经济利益、占据更大市场份额，还要履行社会义务；在道德、诚信等方面树立企业形象、树立企业文化，只有这样才能最终获取可持续发展动力。冬虫夏草产业链各企业间信任、协同、合作，更能形成思想碰撞，形成创新源泉，真正实现"1+1>2"，降低交易成本，共同创新发展。产业链的一大作用就是更易构成企业间信任关系，信息共享、取长补短、比较优势等构成了巨大优势，可以减少败德行为，减小道德风险，从而真正实现利益共同体。逐渐地，创新不再是简单线性链条，完善的产业链条极大地降低了交易成本，将费用内部化，为创新奠定资金优势。当然，产业链在创新过程中，不仅在短期提供基础，还为创新的可持续发展积蓄力量。产业链中一般都有大量科研院所、中介服务机构及金融机构等，这些支撑平台较单独企业更有知识、专业优势，更能提供专业化服务，市场价值更高，可真正致力于稳定、高效的研究，产业链与科研机构多方合作，进行科研创新并迅速转化为经济利益、社会效应，更易占据市场份额、获取竞争优势。支撑机构在技术层面为产业链提供更受消费者欢迎的产品与服务，在信息层面对信息进行筛选、评价，充分利用信息把握市场动态、产业链中各企业动向，在创新层面激发创新、保护知识产权等。产业链集资金、技术于一身，尽可能降低金融风险，又最大限度地利用金融支持。通过金融产品，分散风险，充分利用闲散资金，并在市场中去充分体现价值，最后扩大企业发展规模，惠及企业员工，同时真正实现企业可持续发展。

冬虫夏草产业链的可持续发展在经济方面应该表现为冬虫夏草经济效益的不断提高，通过健全的市场机制和完善的宏观调控手段，实现冬虫夏草资源的优化配置，实现内部、外部冬虫夏草经济的良性循环，长期持续地提供冬虫夏草产品与服务；在生态环境方面应该表现为青藏地区生态效益的持续发挥。保持冬虫夏草系统的完整性和稳定性，在资源承载力范围内可持续地利用冬虫夏草资源；在社会方面应该表现为社会效益的长期稳定；同时，应该保证冬虫夏草产业链组成成员之间稳健的组织结构，使其获得稳定的经济效益。冬虫夏草产业链的可持续发展主要表现在以下几个方面。

（1）冬虫夏草产业链供需平衡。冬虫夏草产业链若实现可持续发展，必须让其成为一种循环的生态链，产业链各节点企业间竞争与合作并存，相互之间供需平衡。目前，冬虫夏草市场供不应求，节点企业之间发展不均衡也就直接导致旅游产业链市场混乱。

（2）冬虫夏草产业链信息集成的高效性。提高效率必须建立在良好稳定的系统、多元协同的主体、广泛共享的信息的基础上。

（3）冬虫夏草产业链主体间兼具灵活性和适应性。主体间建立密切、多方式的联系，以确保产业链兼具平稳性与发展的可能。冬虫夏草产业链组成结构更复杂，就更能分散风险，减少重创性打击的可能。

（4）冬虫夏草产业链系统的完备性。冬虫夏草产业链系统的组成要素包括产业数量、产业种类、产业相互关系和系统的运行机制，这影响着整个产业链的稳定。类型多样、数量充足可以保证产业链体系的完备，进而在出现危机时，进行替换互补。

（5）冬虫夏草产业链具有良好的经济效益和环境效益。冬虫夏草产业链追求产业链整体的经济和环境效益，也追求成员自身的经济效益和环境效益。组成企业除了外部市场外，整个系统内也有较大市场，在不同市场都发挥着自己的价值，在内部提供中间产品或服务，在外部面临更大的竞争与合作。冬虫夏草治理成效，应将市场效益与环保程度统筹评价。产业链组建是否成功取决于投资和收益的比例，问题的关键在于所组成的冬虫夏草产业链能否适应市场。

二、冬虫夏草产业链可持续发展中的影响因素分析

冬虫夏草产业链整体来说是一个相对完备的协作系统，内部各要素紧密相连，外部充分竞争，内外部环境瞬息万变、信息更新快，系统稳定是各种作用力平衡的结果。因此，冬虫夏草产业链的可持续发展受到各种因素的威胁。如果冬虫夏草产业链运行的某个环节特别脆弱，适应能力差，会导致产业链的断裂，甚至某种暂时的变化会导致企业的消亡，从而导致冬虫夏草产业链的运行出现波动。实际运作中，影响因素是多方面的，包括内部因素和外部环境因素。主要的内部因素有构建机制、激励机制、信任机制、产业链核心企业、利益风险分担机制等；主要的外部环境因素有产业政策的调整和消费者需求。

（一）影响冬虫夏草产业链可持续发展的内部因素

（1）构建机制。冬虫夏草产业链构建的关键是各主体取长补短、互相协作，基于利益一致性与合作可行性进行产业重构、组合。而且冬虫夏草产业链在建立时就基本上确定了合作伙伴、合作方式、合作内容、利益分配等问题，冬虫夏草产业链各环节治理是产业链可持续发展的必需条件。

（2）激励机制。组织行为学中认为激励让人动机更明确、意志更坚定、积极性更高。激励机制包括正向刺激因子、积极刺激手段等，并作用于相关主体。而冬虫夏草产业链运行中，正向引导、负向设限可以使主体行为目标性更明确。个人利益与社会利益的矛盾时有发生，激励机制旨在将负外部效应内部化。在冬虫夏草产业链运行时，当个人的利益和整体利益并不完全一致时，以损害整体利益为代价来实现自己利益的现象屡见不鲜。一方面，在冬虫夏草产业链当中，由于信息不对称，易出现道德风险，而且产业链并不是各环节企业的简单加总，需要

企业协同合作，龙头企业开拓创新带动其他企业的积极性，突破现存困境瓶颈，不断提升自身竞争力，这个过程需要激励安于现状的企业去承担风险以获取更大利益。另一方面，产业链企业间信任关系、诚信信誉潜在影响产业链稳定，构建激励机制，有利于创建契约关系，挖掘企业潜力，为共同目标协同创新实现集体、个人利益最大化，同时在长期过程中需要有无限的循环激励。

（3）信任机制。产业链成员需要有效防范"机会主义倾向"才能保持良好的关系。通常契约和信任是防范此倾向的手段。契约规范合作方投入、运作等行为，对将来可预测风险进行把控，但是对潜在不可预测事故无能为力，而信任可防范机会主义倾向，减少交易费用，通过交流、默契让合作方积极交流，寻求最优的互惠共赢方案。但产业链中各企业组成的利益共同体，在其追求自身利益最大化的同时很难建立牢固的信任关系。因而，建立信任关系，使得合作方选择、合作方案制订、合作方权利义务的具体评估指标能实时反映监测情况。科学化、合理化的评估指标体系，可以对合作方竞争能力、诚信信誉等评级进行鉴定，并将产业链总目标细化分工到个体企业，避免责任推诿、实现"包产到户"，通过竞争、合作达到互利共赢。总的来说，第一，应构建机会主义、投机行为防范机制，奖惩并行，双向规范行为。第二，应构建多种沟通渠道，避免信息不对称，及时交流信息、搜罗信息，以实现互惠互利。第三，应制定协议、合同，为公平、公正提供依据，同时进一步市场化。

（4）产业链核心企业。核心企业或龙头企业是某环节或产业链发展的风向标，发挥标杆示范效应、辐射效应，带动各企业生产积极性，为各企业排忧解难时可以协调、管理利益关系和合作机制，避免混乱运作。协调建立冬虫夏草产业链各节点之间的和谐关系；协调建立产业集团与政府之间的和谐关系；协调建立人与自然的和谐关系。通过核心企业的协调减少产业链运行的波动。

（5）利益风险分担机制。产业链系统可以被看成一个整体，是整个市场的一分子，参与市场竞争，在市场中抢占市场份额、最大化经济利益。但内部各成员之间是以事先商定的契约或协定为约束，以各自信誉为保证的一种合作关系。这种组织形式意味着冬虫夏草产业链具有较低的进入和退出壁垒，从而有可能因某一企业先学得盟友的技术而置整体利益于不顾，提前退出或私下缔结次联盟，使得机会成本过高，因而在利益分配时要考虑成员积极性、贡献度等多方面因素。由此，利益分配机制对产业链长期稳定尤为重要。

（6）技术因素。技术作为纽带将企业紧密联系在一起，从而达到信息共享、产业链持续发展的目的，这种联系也会影响产业链的稳定性，产业链内企业数量相对较少时，技术因素会导致刚性制约，使产业链不稳定，或者一方停止生产某种原料，产业链则会断裂，整个系统无法正常运转。目前，冬虫夏草产业链中的中小企业技术研发不够，生产不成规模，深加工能力有限，融入某一产业链又有难度。

（二）影响产业链可持续发展的外部环境因素

（1）产业政策的调整。绝大部分情况下，产业链在一定区域内形成，成为区域经济的重要组成部分，地方产业政策对其有较大影响。产业政策制定与实施是经济发展中不可或缺的部分，各种政策制定都是适应当时经济情况的，因此经济政策处于动态变化中，目前中国提出通过供给侧结构性改革拉动国家经济增长。随着国内各行各业的发展，冬虫夏草产业也在迅速成长，这个过程也是产业发展矛盾不断产生同时又不断解决的过程。政府在这个过程中从政策上给予合理的引导，对冬虫夏草产业成长至关重要。产业政策利用经济效应、法律工具、政策手段作用于各个产业，可以鼓励和引导某些潜力性产业，限制和禁止某些高污染产业，从宏观角度配置资源、优化产业结构。产业政策的核心作用在于引导性。

（2）消费者需求。在产业链的定义中，消费者需求是其中的一个核心内容。产业价值链形成、变化是由市场消费者决定的，市场需求量大、个性化需求多，产业价值链出于利益考量必然延伸产业链，但如果背离了消费需求，产业链也就没有存在的意义了。马歇尔指出，任何消费者的需要都是市场需求，消费需求是经济活动的基础与动力。消费需求通过各种途径直接、间接影响产业链发展。第一，消费需求满足方式的多样性，即一种消费需求可以通过提供不同的等价效用方式来得到满足。第二，消费需求多样化，消费者通过多种渠道、方式满足自己的需求，不再盲目跟风，而是追求个性化服务。第三，一定消费需求满足方式的发展性。这是指消费者对某种消费需求的满足方式并不是处于某一静止状态，而是处于一种发展趋势之中，在消费需求固定时，希望以投入更少、更便捷、更高科技的方式，产生心理满足感。第四，消费需求走向个性化服务，消费者千差万别，消费意愿随着自主意识的提升变得不再统一，希望通过独特、契合的方式满足自身需求。

第六节　冬虫夏草产业链绿色治理机制设计研究

一、冬虫夏草产业链绿色治理机制

青藏地区,虽然农业经济发展较快、农业结构调整初见成效、农民收入持续增长,但农业单位面积产出率和农民人均可支配收入仍低于全国平均水平,产业化水平低,商品率不高,农业正处于转型发展的新阶段。要实现"四化同步"和全面小康,必须把握现代农业的发展规律,就目前而言,青藏地区许多地方牢牢把握发展和生态两条底线,通过农业结构调整,带动特色优势产业;通过平台建设,构建起集特色产业、科技支撑、质量安全、服务设施等多项功能为一体的产业链,将不同种类的原生态冬虫夏草通过政府的"搭桥"政策,扩大销售规模,为农民解决销售瓶颈并想一举摘掉贫困的帽子。但这种良好政府预期下的发展,潜藏着以下问题:第一,"农户+公司"模式或"农户+公司+互联网"模式,这种模式产业链太短,存在利益的陷阱,当地招商引资的企业基本是外地子公司,这些子公司将大量的冬虫夏草运到母公司进行加工并贴上相应标签,高价售出,牟取高额利润,而原产地农牧民常年维持与公司签订的协议价格,农民在信息严重不对称情景下,基本丧失与公司的博弈能力。"贴标签"方式,严重掠夺该地区赖以发展的特色农产品资源,民族地区反贫困步履维艰,"资源诅咒"效应引发了诸多社会问题。第二,"农户+公司"模式与"互联网+顾客"平台模式的结合中,公司只将原生态特色农产品经过简单加工和包装,然后借助"互联网+顾客"平台进行销售,表面看起来这一模式冲淡了"资源诅咒"效应,但公司一旦借助"互联网+顾客"平台,就会形成利润获取的双向挤压机制,既侵害农牧民利益,又侵害消费者利益。第三,青藏地区特有的稀缺性农产品冬虫夏草,由于过度采挖,资源濒临灭绝,而市场价格偏离价值,居高不下,又进一步刺激了经济主体的偏好。在青藏地区发展过程中,如果不解决好上述问题,民族地区反贫困问题只是解决了一时,解决不了根本,发展经济只能富了企业,苦了农牧民。

经济发展进入新常态,社会各种矛盾相继出现,人类与自然之间的矛盾十分突出的现实下,在"新四化"(新型工业化、城镇化、信息化、农业现代化)的基础上提出了"绿色化"。"绿色化"的含义表现在以下三个层面:在经济领域,绿色理念融合在生产方式中，表现为科技含量高、资源消耗低、环境污染少的产业结构和生产方式，强调经济绿色化理念，有望拉动绿色产业，形成经济社会发展新的增长点，这种模式发展的核心是以绿色技术研发为基本内容；在环境健康维系中，绿色技术扮演着重要角色，这也激发了绿色技术的突破性发展。绿色既是理念又是举措，它科学布局在生产空间、生活空间、生态空间。

在此大背景下，传统的单纯实现绿色化的产业链运作方式已经远远不符合时代发展的主题，产业链中表现出的用绿水青山换金山银山的做法引发的节点企业之间恶性竞争、败德行为，以及单纯依赖制度信任造就的治理机制暴露出了它的诸多不适应性。例如，技术创新领域的不协同；制度领域的"拿来主义"与简单模仿；运作领域中恶性制度的棘轮效应、模仿效应、攀比效应严重削弱了产业链的核心竞争能力，往往造成外企大量渗透到传统产业当中，肢解传统产业链，使传统产业链变为断链、脱链、死链。为此，绿色化情景下，产业链期盼一种绿色制度的诞生。产业链绿色化治理是指产业链的绿色化理念的架构，在此基础上，体现产业链内部节点企业之间的绿色协同、绿色信任、绿色共赢，在纵向一体化过程中体现内在和外在绿色化服务，并将产业链的社会功能完美统一到社会化的服务体系中，在竞合框架下，体现产业链的经济功能和社会功能。

二、冬虫夏草产业链绿色治理中的影响因素分析

生态治理、绿色化发展理念、产业链社会责任、绿色技术创新能力、绿色文化建设对青藏地区冬虫夏草产业链绿色化治理有很强的影响。

文明发展模式的形成离不开相应的环境、理念、科技、制度、文化等多元系统，而完善的多元系统成就的文明发展，才能维系人类可持续发展。人类文明发展要求适应自然生态系统这种外部环境，绿色发展恰恰发挥了环境系统优势这种基础条件，并以精神理念为基点，以社会结构为框架，以技术创新为支持，以文化体系为突破点，构建具备系统整体优势的文明发展模式。

生态环境恶化催生了绿色化发展的理念，绿色化发展必须考量生态容量，以可持续性为基准，使生产、分配本土化，资源分配公平化，摒弃主流经济学片面追求超额经济利益，罔顾社会效应与自然承载力的思想，把经济视为嵌入社会和自然系统中的子系统，社会和自然是经济活动的起源与目标。生态系统承载力必

须得到重视，经济体制必须支持绿色产业发展，明确发展绿色经济。绿色经济尝试寻求资源稀缺条件下天人冲突困境的突破方式，有效平衡生态环境保护与人类福利的短长期获取。采取经济行为时，维系环境健康，让经济、环境协同发展，真正实现可持续发展目标。

绿色化理念是在人类与自然和谐发展的基础上，加强协调经济增长、人口增长、资源利用和生态环境之间的关系，促进经济发展和人类的健康生活的理念。绿色化理念应用于设计、生产、流通、消费、废物处理等环节，促进节约型社会的构建（李丽丹等，2007）。特别是在新兴工业化发展过程中，对传统工业化道路进行深刻反思的基础上，要提高认识，改变传统的生产、生活、消费理念，把工业化进程同绿色化结合起来，走绿色新型工业化道路（胡杨和刘国花，2009）。

企业的社会责任感、环境意识也是绿色化发展的体现。Snell 和 Schmitt（2012）认为，企业的社会责任感在绿色化发展中不可或缺，传统的治理框架中，在企业唯利是图的背景下，股东处于利益追寻与承担社会责任的矛盾之中，由企业生产所导致的环境污染与自然破坏，使企业社会责任不再是单一的企业家道德演变的股东责任，而是越来越多地指向环境责任。产业链从纵向结构看，是上游、中游和下游节点企业组成的企业集合体，其社会责任是若干节点企业在协同行动中承担的对职员、消费者、供应商、社区和环境等的广义社会责任。

在经济领域，绿色理念融合在生产方式中，表现为科技含量高、资源消耗低、环境污染少的产业结构和生产方式，强调经济绿色化理念，有望拉动绿色产业，形成经济社会发展新的增长点，这种模式发展的核心是以绿色技术研发为基本内容的，在环境健康维系中，绿色技术扮演着重要角色，这也激发了绿色技术的突破性发展。产业链是经济高度发展过程中表现的一种企业间垂直整合形式，它是一种开放的系统，技术协同创新是产业链治理的关键手段。

人类文明的发展，不仅需要自然科学和社会工程技术的推进，更需要人文与社会科学的指引，也就是作为人类发展的观念、制度和精神状态的不断提升，而作为绿色发展机构体系中的绿色文化模式，则对人类文明的发展起着促进的作用（郝栋，2012）。绿色文化，核心都是人类对环境的社会生态的适应。而且，它们都是相互联系的，后者是在前者的基础上继承和发展出来的。人类在创造绿色文化对环境的社会生态适应过程中，也在不断地由必然王国走向自由王国，人类总要不断地总结经验、有所发明、有所创造、有所前进（郭艳华，2004）。绿色文化是人类精神家园的回归，人类起源于大自然，人类文化的萌芽阶段，大自然是人类文化永恒的主题，人类精神的依附性体现在对于自然的生存状态的追求。绿色发展道路下的文化模式，就是倡导人类精神家园的回归，从物欲化、机械化的现代文明刚性文化向着自然化、和谐化的绿色文明柔性文化转变（周鸿，1997）。

绿色文化作为一种自然观，是用生态学的基本观点观察现实事物和解释现实世界的一种理论框架（金光风，2000）。要大力开展绿色技术创新，就必须变革传统的思维方式，弘扬绿色文化，确立"破坏生态环境就是破坏生产力，改善生态环境就是发展生产力"的观念，同时要在文化观念上进行批判和反思，实现观念上的创新，确立"绿色"观念、"污染预防"的环境意识（秦书生，2006）。要增强企业的绿色文化建设，尤其是对于企业家，其更应当培养绿色战略眼光，通过绿色文化的长期熏陶和绿色技术创新能力的提升，形成广义化的企业社会责任（郝栋，2012）。由此，得出青藏地区在冬虫夏草产业链绿色化治理过程中，要大力推进产业链绿色技术创新，就必须变革传统的思维方式，弘扬产业链绿色文化；只有树立高度的绿色化理念，才能强化生态环境治理；绿色文化使民众绿色意识不断增强，为生态环境治理做了必要的观念准备；产业链绿色文化建设和绿色技术创新能力的提升，对产业链社会责任具有显著的促进作用。

随着生态学和环境科学研究的深入，环境意识的普及，绿色文化在人类适应环境而创造的一切以绿色植物为标志的狭义文化中输入了更为广义和深层次的内涵，绿色文化即人类与自然环境协同发展、和谐共进、人类具有可持续发展的文化（秦书生，2006）。

将环境因素引入青藏地区冬虫夏草产业链技术研发层面，积极制定环境影响评价法，对于环境影响的评价应当从评价各种发展规划和建设项目扩展到科研管理过程中来。绿色技术是一个具有前瞻性的控制优势的技术体系，只有在科研过程中引入对环境因素的评价因子，才能够使得技术的研发成果具有同环境的先天协调性，才能够使科学技术在将来的安全应用生产中更加环保。具体实践操作是将环保部门引入到科技研发的过程中来，尤其是技术集群效应的高技术研究中来，通过在项目申报、规划方面增加对环境、生态等方面的考量因素，将环境因素和技术的创新因素与实用因素作为项目审批时必须考虑的参数，从源头避免非绿色技术的产生，将绿色因素引入科学技术研发中来。

　　针对冬虫夏草产业链节点企业制定适度严格的环境保护制度，能在一定程度上激励节点企业突破种种约束，不断地进行绿色技术的协同创新，由此提高企业的科研水平和劳动生产率，从而将节省出来的更多资金、技术、人才资源投入到企业产业链的环境保护中去，从而使产业链获得先行性的优势，提高青藏地区冬虫夏草产业链的绿色竞争力。

　　严格制定冬虫夏草产业链的社会责任制度，在青藏地区冬虫夏草资源开发中，要建立对"公司+牧户+行业协会"等诸多模式的监督、检查长效机制，严格约束公司的盘剥、贴标签、暗箱操作等败德行为；对产业链中的节点企业要严明责任，在产业链内部建立信任机制，将弘扬绿色文化作为建立信任的手段，使信任的计算属性和社会属性真正能够做到透明、公正、公平与合理。

第七节　总　　结

　　本章为青藏地区冬虫夏草产业链治理机制的设计，在明确产业链延伸机制、产业链节约机制、产业链高效机制、产业链健康发展机制、产业链可持续发展机制、产业链绿色治理机制概念基础上，对冬虫夏草产业链延伸机制、冬虫夏草产业链节约机制、冬虫夏草产业链高效机制、冬虫夏草产业链健康发展机制、冬虫夏草产业链可持续发展机制、冬虫夏草产业链绿色治理机制影响因素进行了研究，为冬虫夏草产业链治理提供了依据。

第九章　冬虫夏草产业链治理策略及政策建议

本章在前八章研究成果基础上，探讨冬虫夏草产业链治理策略，并提出相关政策建议。为有效保证生态平衡，实现绿色可持续发展，使农牧民脱贫致富，必须坚持以下原则：第一，坚持统筹人与自然和谐发展，秉承"绿色化"观念；第二，坚持生态保护和农牧民增收相结合的原则；第三，坚持依法保护，科学规划，合理采挖，永续利用的原则；第四，在冬虫夏草产业链治理中，要在符合地方经济和社会环境的条件下，合理有效利用资源，在生产过程中实现价值的增值，以满足市场需求。

第一节　政府分权、监管与政策设计

一、政府分权，有效结合自主治理与协同治理，构建协同交流平台

资源濒临枯竭，黑市冲击下市场失灵，在此背景下，政府分权使农牧民、市场、消费者等治理主体积极自主治理、协同治理抵制和抑制黑市交易与大买家行为。政府鼓励和扶持企业、市场、中间组织积极参与到冬虫夏草产业链中，构建协同交流平台，突出冬虫夏草产业协会的组织功能，组织各治理主体，加强沟通、交流、合作，通过协同治理形成专用性资产，由此上升到信息共享层面，构建持续性保护冬虫夏草的信任治理机制。

二、政府监管，综合运用限价、税收、补贴、法律、法规手段，限定大买家行为，打压黑市交易

农牧民与大买家的交易随意游离于市场之外，削弱了政府监管，造成大量税收流失，且损害了政府、农牧民、消费者的利益。其一，政府作为市场"守夜人"，可以制定相关法律法规，给予行业法律强制力，限定大买家行为，打压黑市交易；其二，政府可以采取相关补贴政策，鼓励农牧民积极参与市场交易，杜绝直接将

冬虫夏草转手于大买家；其三，政府可通过限价手段，压缩黑市交易的利润空间，出台相关政策，限定价格背离价值的交易。总之，政府要建立市场出清机制和透明的价格机制，建立市场信息交流平台，完善交易规则，通过税收激励和补贴，纠正市场的不公平竞争。

政府要明确责任，加强协调、建立目标责任制、实行奖惩措施。冬虫夏草治理要确立科学合理的治理机制，必须明确各级职责及追责机制，激励与惩处并行，在规范行为的同时充分调动积极性。相关机构负责监督、检查、指导冬虫夏草限采工作，处理各类纠纷争论，构建应急机制，保证公共安全，防患于未然。对于非法采挖人员、破坏性采挖行为、售卖假冒伪劣产品人员进行惩处，追究责任。

三、政府建立冬虫夏草资源生态保护区，加强退化草场改良，政策限定引导对冬虫夏草资源的保护

根据冬虫夏草区域分布与生长环境，政府应建立冬虫夏草生态保护区，成立管理部门，采用切实可行的具体措施。其一，监测自然环境变化，采取相应对策，保证冬虫夏草健康生长；其二，减少人为因素破坏冬虫夏草生长环境的情况；其三，政府限定和引导其他各主体的行为，能提高其他各主体保护冬虫夏草的思想意识，加强各主体对冬虫夏草资源的利用和保护能力。同时，根据草原保护、退牧还草等生态保护政策，综合治理退化草地，对严重退化的草地禁牧休牧，逐步恢复草原植被。

四、政府鼓励科技创新与技术研究，人工培育以实现资源可持续利用

目前，冬虫夏草市场供不应求，并受环境恶化等多方面因素制约，其产量有下降趋势，人工培育为冬虫夏草市场发展提供了新思路。政府鼓励科技创新与技术研究，一方面可将人工饲养的幼虫和卵投产到相应地区，增加冬虫夏草密度；另一方面可通过深层发酵培养法获取菌丝体和菌液，研制冬虫夏草系列产品，通过科学技术创新，从根本上解决冬虫夏草产量低的问题。

五、政府加强采挖管理，规范采挖制度

编制冬虫夏草保护规划、年度采集计划，根据相关法律及实际草场环境、冬

虫夏草质量、采挖人员情况，具体编制科学可行的资源保护规划及年度计划，并有效落实，层层监督。需要强调的是，冬虫夏草分布量、采集人员数、采集量、采集区域、采集方法等都需要详细规定，以减少实施阻碍；进一步明确冬虫夏草资源的采集权，继续实行冬虫夏草采集证管理制度。根据年度采集规划确定采集计划，实行采集证管理，使采挖行为合法化；因地制宜，结合实际，制订冬虫夏草采集管理方案。各冬虫夏草资源县在冬虫夏草资源管理上，需加大本地人员参与力度，体现自治优势，着重做好协调服务和监督检查工作。冬虫夏草限采工作与农牧民生活息息相关，关乎扶贫、稳定。各级人民政府草原、工商、经济贸易、药品监管管理等相关部门要加强对冬虫夏草等野生植物制品生产和经营行业的监管监察，确保冬虫夏草资源的有效保护和可持续发展。

第二节　农牧民积极配合政府自主治理，提高资源保护意识

农牧民应积极学习冬虫夏草资源的相关知识，提高对保护冬虫夏草资源和生态环境重要性的认识与意识。

农牧民应自主成立"协会组织"，提高谈判能力，使大买家在政府和农牧民双重作用下，以及被削弱利润空间的压力下退出交易领域。

农牧民应积极投入一定人力、物力，自主开展"村落式"治理机制，在本村文化、道德、宗教、信仰背景下，以村为单位，以农牧民增收为前提，限定采挖人群，并勘探和考查冬虫夏草分布与生长情况，合理布局采挖空间与期限。农牧民应积极配合冬虫夏草政策的宣传与执行，在人力、物力等投入方面与政府步调一致，自觉形成保护冬虫夏草资源的意识。

第三节　协会组织要加强信息交流与共享，
协调各主体利益关系

协会组织通过冬虫夏草市场信息调节农牧民和公司两者的利益均衡问题，杜绝大买家调转到市场寻求准租金的行为。

协会组织应充分挖掘市场信息，实现信息在冬虫夏草产业链间的充分交流与共享。

在协同交流平台中，协会组织将产业链各主体结合起来，提高协同效用。

大力发展经济合作组织，建立多部门互助式技术创新服务网络对于青藏地区冬虫夏草产业链的发展而言十分必要。以组织网络化、功能社会化、服务产业化为方向，使冬虫夏草产业科技中介服务体系建设尽快跃上一个新的台阶。帮扶专业化高、组织效率高的中介机构，实力强的企业提高生产效率，促进科技企业孵化器的发展等，提高冬虫夏草产业链的竞争力。要促进冬虫夏草产业科技中介行业协会的建设和发展，建立政府指导下的加工行业自律性管理体制。政府应支持和引导产业经济合作组织，制定相应的政策法规，明确其地位、规范其机制、保障其权益。

第四节　企业建立诚信机制，通过技术创新延伸产业链

一、企业通过技术创新，生产高端产品，延伸产业链，与医药产业、保健产业等建立合作关系

目前，冬虫夏草产品普遍存在着产品档次低、质量差和品种单一的问题。应当本着冬虫夏草资源优化利用和综合利用的原则，在稳定传统冬虫夏草原生态产品的同时，开发新型产品，鼓励发展附加值较高的成品生产。另外，还要通过应用新技术、新工艺，提高产品科技含量、附加值，加强质量管理等途径，实现产品全面升级。合理规划产品品种，稳定传统产品，开发新型产品，生产高附加值的产品，与医药产业、保健产业建立合作关系，延伸冬虫夏草产业链。

二、企业与农牧民群体建立战略联盟

冬虫夏草产业链上的资源供应能力是产业链治理的前提。在发展和壮大冬虫夏草产业链的过程中必须认识到资源的长期供给问题，变自然资源优势为企业的生产资源优势、产品市场竞争优势。因此，企业应该与农牧民建立起战略联盟，冬虫夏草加工企业与供应商通过资产重组或契约的多种方式建立纵向一体化。因此，在产业链治理过程中，采挖、加工、销售形成一定的利益联结机制。目前可以利用的利益联结方式主要有三种：一是保护价收购，保证资源的稳定供给；二是二次分配，根据企业盈利状况在年终结算时适当返还利润给农牧民；三是较大

规模采挖户等可以按股分利。

三、加强企业间的合作深度

冬虫夏草产业连接点企业协作要更深层次地加强战略互利合作、流程衔接互助。产业链企业的生产经营，必须走规模化的道路。新型合作中生产、加工、销售一体化，利益趋于集中化，主要依靠龙头企业、建立新型合作组织，形成现代企业，这样有利于冬虫夏草深加工、提高附加值和促进冬虫夏草产业健康发展。产业化经营，各企业、个人单位利益诉求趋于一致，进而自愿协同、紧密联系。在此情形下，组织机构选择尤为重要，冬虫夏草产业链运作过程中各环节错综复杂，需要明确的经营法则，在长期过程中利益作为联系的纽带就必须公平、公正。企业、合作社多模式综合使用，实现农牧民利益与经济发展有效统一，高效率利用有限的冬虫夏草资源以期达到经济、社会、生态效益相统一的最大效果，冬虫夏草产业链上、下游各个主体从生产、加工、销售应实现一体化、专业化。各个主体在知识、技术、产销关系上直接联系，以期发挥知识、技术等各个层面的协同效应，实现"1+1>2"，降低成本、扩大收益。

第五节　　完善冬虫夏草产业链的经营体制和运行机制

提升农牧民经济理念，提高冬虫夏草生产、销售能力，政府可以对农牧民进行信息培训，降低信息成本，充分利用"互联网+""大数据"缓解信息不对称。同时加强冬虫夏草产业链企业的经营者及员工的素质培训，企业应主动与相关高等院校和社会管理服务机构建立联系，进行经济管理知识的培训，同时还可以聘请有经验的经济管理专家作为企业的管理顾问。

根据价值链理论，产业链各环节越完善，产业链越长，资源深加工程度越高。每个节点都由生产活动大致相同的企业组成，各节点创造的价值都直接影响产业价值链。冬虫夏草产业链应注重价值链的上、下游延伸，从生产领域向流通领域渗透。这种延伸，可以提高资源的利用效率，它能将原来属于上、下游的产业由市场联系的价值链，转化为由集团统一组织的价值链。对整体价值链实行统一控制，提高经营效率，通过对原来不同的价值链的价值活动进行优化组合，形成强大的综合优势。例如，统一组织在科研、生产、销售等几方面具有优势的企业，形成多元化的、优势互补的综合功能企业。利用资金流动、组织管理，与不同价值链建立联系，为社会生产生活提供支撑。这种价值链的重组，能增强企业的实力和应变能力，发挥规模效应和放大效应，提高企业的竞争能力。另外，应注重加强第三产业的发展。例如，建立和完善冬虫夏草交易市场（现实市场和电子商务虚实联动），为加工企业和农牧民搭建经济、高效的交易平台；通过网状组织结构、多样化服务完善中介服务体系；利用冬虫夏草培育基地和成片冬虫夏草资源优势，开展冬虫夏草旅游、冬虫夏草副产品开发等延伸服务，满足人们对冬虫夏草的多样化需求。

冬虫夏草产业链经营和运行包括生产前、生产时、生产后，各利益相关体协同发展。完善产业经营体制和运行机制，改革生产关系中束缚生产力发展的一些不合理制度，协调各方面的利益关系，为冬虫夏草产业链的可持续发展创造内在动力。加工企业可以直接与农牧民签订产销合同，并充分利用企业资源配套完善各项服务。

第六节　融合大数据与互联网技术，促进冬虫夏草品牌建设

在信息化进程中，虚拟网络由于其强大的扩张性，比有形网络具有更大的外部性。虚拟网络突破时间、空间、距离限制，让联系更及时、准确，确保信息更为充分，能实时监测市场。基于网络的电子商务带来的控制信息能力，形成冬虫夏草产业链结构的自控性。在互联网向技术和业务的渗透过程中，应建立冬虫夏草电子商务经济新模式，这个模式的实质是冬虫夏草资源重组和冬虫夏草产业链业务流程的重组。重组要考量冬虫夏草产业链企业的生产、管理等问题。冬虫夏草资源配置中，环节越少，从生产到消费信息传递越精确，供给与需求匹配度越高。冬虫夏草产业链中引入核心企业，纵向拓展，在资金、设备、技术、管理上具备产业链形式的竞争实力；冬虫夏草产业实现规模化、集群化发展，企业间加强合作，培植优势企业和名优产品，这样在可预测风险或不可预测风险来临时，这些企业可以起到标杆示范作用，同时，周围的模式经验更能激发弱势企业不断壮大。建立龙头企业集团以区域品牌培育为重点的良性运行机制，并发挥群体优

势，增强企业的竞争能力。

冬虫夏草产业链内的企业与单个企业的不同之处，在于冬虫夏草产业链是以行业作为依托的，结合了各种比较优势，企业虽然有各自的品牌，自身能力有限，但各品牌在充分了解市场的基础上，发挥各自比较优势，能不断优化自身价值链。值得注意的是，冬虫夏草产业链内的企业利益与损害绑在了一起，互相依托。少数企业的投机行为，对整个冬虫夏草产业链品牌发展会产生重大影响。因此，青藏地区冬虫夏草产业链在构建产业集群的品牌体系中，要加强品牌管理，规避风险，从品牌构建、品牌宣传到品牌保护都需要科学的治理手段，以提升品牌整体形象。

第七节　总　结

本章统筹前八章研究成果，站在政府、农牧民、中间组织、企业、信息技术等多角度有针对性地提出冬虫夏草产业链治理策略及政策建议。提出政府要分权、监管并制定具体政策；农牧民要自主治理，积极配合政府政策执行，提高资源保护意识；中间组织要积极参与，加强信息交流共享，协调各主体利益关系；企业深加工产品要建立诚信机制，以延伸、治理产业链；应融合大数据与互联网技术，促进冬虫夏草品牌建设。

第十章 本书写作创新及展望

第一节 本书写作创新

一、提炼稀缺性资源配置模式

根据冬虫夏草产业链中黑市、大买家、中间组织等实际活跃程度，演绎稀缺性资源九种配置模式，实证研究三种主要配置模式。

二、双边治理制度创新

从博弈论角度探讨了农牧民、大买家、政府间行为关系，指出农牧民协会有利于平衡农牧民、大买家投资行为，二者行为因政府监控趋于理性。在实证结果支撑下，提出政府和农牧民双边治理的合理性。

三、架构政府分权、资源保护、资源配置模式、自主治理、协同治理、大买家等为构念的多中心治理理论模型

首次提出了在政府分权条件下，农牧民、市场可通过自主治理来抑制黑市交易；协同治理可以限定大买家行为，并可以压缩黑市交易的生存空间；自主治理和协同治理有利于冬虫夏草资源保护。

四、研究视角创新

产业链治理目前理论研究的视角基本站在规范研究的角度，本书从实证角度进行研究，为理论研究提供了研究素材。

第二节 本书写作不足和展望

本书虽然从冬虫夏草资源保护的角度研究并提出了农牧民与政府的双边治

理、自主治理、协同治理和多中心治理、绿色化治理等治理手段，但这些治理手段是政府行为弱化、冬虫夏草产权不明晰的情景下形成的制度规范。没有从冬虫夏草的人为宣传、替代品研发与生产、资源保有量等角度进行研究，而且冬虫夏草产业链如何引入技术创新，拓展和延伸冬虫夏草产业链等问题的研究，基本没有涉及。今后在这些方面需进一步进行研究。

参 考 文 献

波特 M. 1997. 竞争优势[M]. 陈小悦译. 北京: 华夏出版社: 175.

陈第华. 2000. 社会资本: 乡村协同治理过程中的变量[J]. 重庆工商大学学报 (社会科学版),
　(2): 69-73.

陈钦兰. 2007. 供应链中企业合作协同的战略因素研究[J]. 山西财经大学学报, (3): 83-88.

陈剩勇, 马斌. 2004. 温州民间商会: 自主治理的制度分析——温州服装商会的典型研究[J]. 管
　理世界, (12): 31-49, 155.

陈仕江, 尹定华, 李黎, 等. 2000. 西藏那曲地区冬虫夏草资源及分布[J]. 中药材, (11): 673-675.

陈甫军, 徐强. 2003. 产业集聚的稳定性与演变机制研究[J]. 东南学术, (5): 65-72.

陈志, 董敏杰, 金碚. 2009. 产业竞争力研究进展评述[J]. 经济管理, (9): 30-37.

程新章. 2006. 供应链问题的文献综述[J]. 科技进步与对策, (10): 196-200.

戴昌钧, 郁屏. 2003. 团队合作中提供帮助 de 最优委托权安排模型[J]. 管理评论, (12): 13-16, 63.

邓伟志, 钱海梅. 2005. 从新公共行政学到公共治理理论——当代西方公共行政理论研究的 "范
　式" 变化[J]. 上海第二工业大学学报, (4): 1-9.

丁家云, 周正平. 2015. 基于农业产业链延伸的农产品国际竞争力研究[J]. 南京审计学院学报,
　(3): 26-34.

冯之浚, 刘燕华, 金涌, 等. 2015. 坚持与完善中国特色绿色化道路[J]. 中国软科学, (9): 1-7.

龚三乐. 2009. 全球价值链内企业升级的外部影响因素浅析[J]. 兰州学刊, (2): 181-183.

郭红, 邹弈星. 2009. 四川省优势农产品科技创新产业链竞争力分析及对策建议[J]. 决策咨询通
　讯, (6): 21-24.

郭艳华. 2004. 走向绿色文明[M]. 北京: 中国社会科学出版社: 79.

哈耶克 F A. 1997. 自由秩序原理[M]. 邓正来译. 上海: 生活·读书·新知三联书店: 127-129.

郝栋. 2012. 绿色发展道路的哲学探析[D]. 北京: 中共中央党校: 53.

胡杨, 刘国花. 2009. 基于绿色化理念的新型工业化建设路径探讨[J]. 当代经济, (21): 60-61.

胡岳岷, 刘甲库. 2013. 绿色发展转型: 文献检视与理论辨析[J]. 当代经济研究, (6): 33-42, 93.

黄季焜, 邓衡山, 徐志刚. 2010. 中国农民专业合作经济组织的服务功能及其影响因素[J]. 管理
　世界, (5): 75-81.

黄万宾. 1990. 企业概念质疑——兼论社会主义企业的性质与社会责任[J]. 生产力研究, (3):
　35-37.

黄永明, 聂鸣. 2006. 全球价值链治理与产业集群升级国外文献研究综述[J]. 北京工商大学学报
　(社会科学版), (2): 6-10.

贾西津, 沈恒超, 胡文安, 等. 2004. 转型时期的行业协会: 角色、功能与管理体制[M]. 北京: 社
　会科学文献出版社: 37.

蒋国俊, 蒋明新. 2004. 产业链理论及其稳定机制研究[J]. 重庆大学学报 (社会科学版), (1):

36-38.

金碚. 2002a. 经济学对竞争力的解释[J]. 经济管理, (22): 4-12.

金碚. 2002b. 自由企业制度、国家法规制约与国有企业体制[J]. 经济管理, (23): 8-10.

金光风. 2000. 营造绿色文化 建设生态文明[J]. 生态经济, (8): 35-37.

金明路. 1998. 论黑市交易[J]. 湖南商学院学报, (3): 28-31.

李宝库. 2007. 消费者信息、中间商行为与制造商渠道的管理效率[J]. 管理世界, (6): 94-102, 113.

李东进, 武瑞娟, 王承璐. 2009. 积极消费行为: 概念与量表开发[R]. 中国高等院校市场学研究
　　会年会 2009 年年会: 95.

李海波. 2013. 重庆中药产业链延伸的综合评价分析[D]. 重庆: 重庆工商大学.

李汉卿. 2014. 协同治理理论探析[J]. 理论月刊, (1): 138-142.

李坤. 2010. 自主治理与选择性激励——公海生物多样性保护研究[J]. 法制与社会, (22):
　　264-265.

李丽丹, 邱玲, 钟甦. 2007. 用绿色化理念构建资源节约型社会[J]. 环境保护科学, (2): 58-61.

李月娥. 2005. 企业价值链治理初探[J]. 当代经济, (4): 54-55.

梁浩, 王渝. 2001. 基于对策论的供需链运作稳定性问题的研究[J]. 计算机集成制造系统-CIMS,
　　(11): 7-10.

梁巧, 黄祖辉. 2011. 关于合作社研究的理论和分析框架: 一个综述[J]. 经济学家, (12): 77-85.

凌鸿, 袁伟, 胥正川, 等. 2006. 企业供应链协同影响因素研究[J]. 物流科技, (3): 92-96.

刘烈宏, 陈治亚. 2015. 电子信息产业链竞争力构成要素分析[J]. 电子技术应用, (2): 18-22.

刘强, 苏秦. 2012. 供应链多边谈判中的买方承诺战术[J]. 系统工程学报, 27(2): 243-247.

卢明名. 2010. 兰西亚麻产业链延伸的外部环境分析[J]. 改革与开放, (18): 60.

罗绒战堆, 达瓦次仁. 2006. 西藏虫草资源及其对农牧民收入影响的研究报告[J]. 中国藏学,
　　(2): 102-107.

罗玉秀. 2003. 冬虫夏草的研究现状[J]. 青海大学学报(自然科学版), 21(2): 38-40, 52.

马德君. 2013. 国家视阈下的藏区农牧民行为研究[D]. 武汉: 华中师范大学.

马士华, 桂华明. 2009. 基于供应驱动的供应链协同技术与管理: 原理与应用[M]. 武汉: 华中科
　　技大学出版社: 159-160.

马燕. 2012. 地理环境对民族文化形成及民族关系发展的影响——以青藏地区为例[J]. 青海民
　　族大学学报(社会科学版), (4): 84-89.

欧黎明, 朱秦. 2009. 社会协同治理: 信任关系与平台建设[J]. 中国行政管理, (5): 118-121.

潘豪. 2010. 价值链治理模式及其拓展研究[J]. 科技和产业, (8): 71-73.

秦书生. 2006. 绿色文化与绿色技术创新[J]. 科技与管理, (6): 136-138.

任迎伟, 胡国平. 2008. 产业链稳定机制研究——基于共生理论中并联耦合的视角[J]. 经济社会
　　体制比较, (2): 180-184.

芮明杰, 屈路, 胡金星. 2005. 企业追求内部协同向外部协同转变的动因分析[J]. 上海管理科学,
　　(3): 5-7.

石薛桥. 2005. 地方政府公共政策选择和创新与区域经济的发展[J]. 中国流通经济, (3): 50-52.

斯密 A. 2012. 国富论[M]. 郝晶译. 北京: 中国华侨出版社: 182.

宋子慧. 2004. 中国行业协会立法研究[D]. 北京: 中共中央党校.

汪延明. 2012. 基于技术董事协同能力的产业链治理研究[D]. 天津: 南开大学.

汪延明. 2015a. 产业链信任治理: 基于技术董事协同能力的视角[M]. 北京: 经济日报出版社: 67-70.

汪延明. 2015b. 贵州山地特色农产品产业链延伸研究[J]. 经济师, (7): 78-79.

汪延明, 杜龙政. 2010. 基于关联偏差的产业链治理研究[J]. 中国软科学, (7): 184-192.

王春晓, 和丕禅, 姚耀军. 2003. 集群信任机制的经济学分析[J]. 南方经济, (7): 38-40.

王珂, 秦成逊. 2013. 西部地区实现绿色发展的路径探析[J]. 经济问题探索, (1): 89-93.

王晓文, 田新, 李凯. 2009. 供应链治理结构的影响因素分析——基于集中式外卖模式的案例研究[J]. 软科学, (7): 46-50, 56.

王洋. 2009. 市场、企业与政府运行边界的经济学分析[J]. 广东技术师范学院学报(社会科学), (1): 61-63, 135-136.

王友云. 2014. 贫困地区农业产业链延伸问题与路径探讨——以石阡县茶产业为例[J]. 经济研究导刊, (13): 25-27.

王宗礼, 刘建兰, 贾应生. 1995. 中国西北农牧民政治行为研究[M]. 兰州: 甘肃人民出版社.

威廉姆森 O E. 2016. 治理机制[M]. 石烁译. 北京: 商务印书馆: 85-86.

文嫮, 曾刚. 2005. 全球价值链治理与地方产业网络升级研究——以上海浦东集成电路产业网络为例[J]. 中国工业经济, (7): 20-27.

翁章好. 2000. 自行车黑市交易的经济学分析——概况、成因及治理[J]. 经济科学, (6): 112-123.

吴平. 2003. 供应链治理结构研究[J]. 工业技术经济, (2): 84-88.

吴永辉. 2010. 论我国企业社会责任的绿色化趋势[J]. 赤峰学院学报(社会科学版), (11): 40-41.

武伟生, 冯锐强. 2007. 学习·借鉴·创新[M]. 西宁: 青海人民出版社: 239.

西藏自治区草原监理站. 2009. 西藏自治区冬虫夏草管理工作汇报[R]. 冬虫夏草资源与环境研讨会会议材料: 10.

夏文娟, 曾晓英, 袁海龙, 等. 2001. 不同产地冬虫夏草腺苷含量的测定[J]. 中国中药杂志, 26(8): 540-542.

肖芬, 刘西林, 王军. 2009. 煤炭矿区产业链延伸影响因素的实证研究[J]. 软科学, (1): 61-64.

杨曼利. 2006. 自主治理制度与西部生态环境治理[J]. 理论导刊, (4): 52-57.

杨清华. 2011. 协同治理的价值及其局限分析[J]. 中北大学学报(社会科学版), (1): 6-9.

杨锐. 2012. 产业链竞争力理论研究——基于产业链治理的视角[D]. 上海: 复旦大学: 76-77.

杨志军, 陆宁. 2010. 多中心协同治理模式的内涵阐析[J]. 法制与社会, (11): 209.

于立宏, 郁义鸿. 2010. 纵向结构特性与电煤价格形成机制[J]. 中国工业经济, (3): 65-75.

于维生. 2007. 博弈论与经济[M]. 北京: 高等教育出版社: 126.

战彦领, 周敏. 2008. 国内煤炭产业链整合路径与模式研究[J]. 煤炭经济研究, (12): 21-23.

张成华, 欧阳娜. 2012. 长三角共同市场规则量表的构建与实证研究[J]. 特区经济, (1): 4-56.

张雷. 2007. 产业链纵向关系治理模式研究——及对中国汽车产业链的实证分析[D]. 上海: 复旦大学.

张梅芬, 潘孝军. 2015. 煤炭产业链延伸影响机制及对策探究[J]. 中国管理信息化, (4): 161-162.

张全红. 2006. 加强制度创新 推行自主治理——我国小型农田水利设施治理制度变迁分析[J]. 农村经济与科技, (6): 40-41.

张卫航. 2003. 自行车黑市交易的经济学分析[J]. 商业研究, (12): 127-128.

张五常. 1999. 交易费用的范式[J]. 社会科学战线, (1): 1-9.

张英俊. 2004. 法治政府的概念探析[J]. 山东行政学院山东省经济管理干部学院学报, (5): 4-6.

张勇, 何海燕. 2009. 林业产业链协同效应的基本分析[J]. 林业科技, (2): 64-67.

郑度, 杨勤业, 刘燕华. 1985. 中国的青藏高原[M]. 北京: 科学出版社: 138.

中国科学院西北高原生物研究所, 青海省药品检测所. 2008. 中国虫草: 历史·资源·科研[M]. 西安: 陕西科学技术出版社: 54.

周飞跃. 2005. 中药产业竞争力提升战略研究[D]. 北京: 中国农业大学: 83.

周鸿. 1997. 文明的生态学分析与绿色文化[J]. 应用生态学报, (S1): 82-88.

周路明. 2003. 关注高科技 "产业链" [J]. 科技信息, (6): 10-11.

朱斗锡. 2007. 西藏冬虫夏草资源可持续利用的关系与对策[J]. 西藏农业科技, 29(4): 41-45.

Abernethy D R, Sheehan C, Griffiths J C, et al. 2008. Adulteration of drugs and foods: compendial approaches to lowering risk[J]. Clinical Pharmacol & Therapeutics, 85: 444-447.

Ansell C, Gash A. 2007. Collaborative governance in theory and practice[J]. Journal of Public Administration Research and Theory, (18): 543-571.

Auty R. 2001. Resource Abundance and Economic Development[M]. Oxford: Oxford University Press.

Bahmani-Oskooee, Kutan A M, Zhou S. 2010. Black and official market exchange rates and purchasing power parity: evidence from Latin America[J]. Applied Economics Letters, (17): 1453-1459.

Baker M, Kusel J. 2003. Community Forestry in the United States: Learning from the Past, Crafting the Future[M]. Washington DC: Island Press.

Barratt M. 2004. Understanding the meaning of collaboration in the supply chain[J]. Supply Chain Management, (1): 30-42.

Barret C B, Bachke M E. 2012. Smallholder participation in contract farming: comparative evidence form five countries[J]. World Development , 40(4): 715-730.

Berkes F. 2006. From community-based resource management to complex systems: the scale issue and marine commons[J]. Ecology & Society, (11): 27-45.

Bixler P. 2014. From community forest management to polycentric governance: assessing evidence from the bottom up[J]. Society and Natural Resources, (27): 155-169.

Brinkerhoff J M, Brinkerhoff D W. 2011. Public-private partnerships: perspectives on purposes, publicness, and good governance[J]. Public Administration and Development, (31): 2-14.

Caporale G M, Cerrato M. 2008. Black market and official exchange rates: long-run equilibrium and short-run dynamics[J]. Review of International Economics, (16): 401-412.

Chen D. 2009. Social capital: the variable in the process of town and village coordinated management[J]. Journal of Chongqing Technology and Business University (Social Science Edition), (4): 69-73.

Chi K. 2008. Four strategies to transform state governance[J]. IBM Center for The Business of Government, (12): 1-46.

Childhouse S, Towili G. 2003. Transportation infrastructure development and energy intensive industries[J]. Institute of Thermal Technology, (22): 44-100.

Cooper T L, Bryer T A, Meek J W. 2006. Citizen-centered collaborative public Management[J].

Public Administration Review, (15): 76-88.

Custers P. 2010. The tasks of Keynesianism today: green new deals as transition towards a zero growth economy? [J]. New Political Science, (6): 233-256.

Dickson G W. 1966. An analysis of vendor selection systems and decision[J]. Journal of Purchasing, (1): 5-17.

Donahue J D, Zeckhauser R J. 2008. Public-private collaboration[C]//Moran M, Rein M, Goodin R. Oxford Handbook of Public Policy. UK: Oxford University Press: 485-496.

Fainstein S. 2001. Tourism in US global cities: a comparison of New York and Los Angeles[J]. Journal of Urban Affairs, (1): 23-40.

Gautam A P, Shivakoti G P. 2005. Conditions for successful local collective action in forestry: some evidence from the hills of Nepal[J]. Society and Natural Resources, (18): 112-135.

Gereffi G. 1994. The organization of buyer-driven global commodity chains: how US retailers shape overseas production networks[C]//Gereffi G, Korzeniewicz M. Commodity Chains and Global Capitalism. Westport CT: Praeger: 95-122.

Gereffi G. 1999. International trade and industrial upgrading in the apparel commodity chains[J]. Journal of International Economics, (48): 37-70.

Gereffi G, Humphrey J, Sturgeon T. 2005. The governance of global value chains[J]. Review of International Political Economy, (1): 78-104.

Grossman S J, Hart O D. 1986. The costs and benefits of ownership: a theory of vertical and lateral interation[J]. Journal of Political Economy, 94 (4): 691-719.

Gylfason T, Herbertson T, Zoega G. 1999. A mixed blessing: natural resources and economic growth[J]. Macroeconomic Dynamics, (3): 215-229.

Hart O D, Moore J. 1990. Property rights and nature of the firm[J]. Journal of Political Economy, (6): 1119-1158.

Hendrikse G. 2011. Pooling, access and countervailing power in channel governance[J]. Management Science, (9): 1692-1702.

Humphrey J, Schmitz H. 2000. Governance and upgrading: linking industrial global value chain research[J]. Industrial of Development Studier, University of Sussex, (1): 32-37.

Ibrahim H W, Zailani S. 2010. A review on the competitiveness of global supply chain in a coffee industry in Indonesia[J]. International Business Management, (3): 105-115.

Imperial M T. 2005. Using collaboration as a governance strategy: lessons from six watershed management programs[J]. Administration and Society, (3): 270-282.

Jos B. 2008. Contract farming in developing countries[R]. Wageningen University, Department of Business Administration.

Kasuga C, Towin D. 1999. Kidney disease and the westernization and industrialization of food[J]. Department of Public Health Sciences and Medicine, (5): 97-126.

Kesting S. 2011. What is 'green' in the green new deal-criteria from ecofeminist and post-Keynesian economics[J]. International Journal of Green Economics, (1): 172-196.

Kogan K, Tapiero C. 2009. Optimal co-investment in supply chain infrastructure[J]. European Journal of Operational Research, (1): 265-276.

Korczynski D. 2000. Trust in managerial relationships[J]. Journal of Managerial Psychology, (4): 282-310.

Koveos P, Seifert B. 1985. Purchasing power parity and black markets[J]. Financial Management, (14): 40-46.

Lent R. 2004. Cem bilhoes de neuronios: conceitos fundamentais de neurociencia[J]. Journal of Applied Econometrics, (5): 142-163.

Linming O, Qin Z. 2009. Cooperative governance: trust relation and platform construction[J]. Chinese Public Administration, (5): 118-121.

Luintel K. 2000. Real exchange rate behaviour: evidence from black markets[J]. Journal of Applied Econometrics, (15): 161-185.

Marcela J, César S. 2011. Participation in organizations, technical efficiency and territorial differences: a study of small wheat farmers in Chile[J]. Chilean Journal of Agricultural Research, (1): 104-113.

Marshall G. 2009. Polycentricity, reciprocity and farmer adoption of conservation practices under community-based governance[J]. Ecological Economics, (5): 1507-1520.

McCloskey D N. 1983. The rhetoric of economics[J]. Journal of Economic Literature, (21): 481-517.

Molle F, Wester P, Hirsch P. 2007. River basin development and management[C]//Modlen D. Water for Food, Water for Life: A Comprehensive Assessment of Water Management in Agriculture. London: Earthscan: 585-625.

Ostrom E. 1999. Coping with tragedies of the commons[J]. Annual Review of Political Science, (2): 493-535.

Ostrom E. 2010. Polycentric systems for coping with collective action and global environmental change[J]. Global Environ Change, (20): 550-557.

Ostrom V, Tiebout C, Warren R. 1961. The organization of government in metropolitan areas: a theoretical inquiry[J]. American Political Science Review, (55): 831-842.

Pasternack B. 1985. Optimal pricing and returns policies for perishable commodities[J]. Marketing Science, (2): 166-176.

Paul B. 2005. Trusting virtual trust[J]. Ethics and Information Technology, (7): 167-180.

Paula C S. 2009. The role of market power in agricultural contracts[R]. Agricultural and Applied Economics Association.

Porter M. 1990. The Competitive Advantage of Nations[M]. London : Macmillan: 92.

Reardon J. 2007. Comments on 'green economics: setting the scene. aims, context, and philosophical underpinnings of the distinctive new solutions offered by green economics'[J]. Green Economics, (3): 212-233.

Sachs J, Warner A. 1997. Natural resource abundance and economic growth[R]. Center for International Development and Harvard Institute for International Development.

SaenzSegura F, Haese M, Speelman S. 2009. The influence of contracts on smallholder pepper porducers in Costa Rica under different market conditions[J]. Fruits, (6): 371-382.

Sandy W. 1999. Coordinated service provision in payment for ecosystem service schemes through adaptive governance[J]. Journal of Southwest University, (7): 109-127.

Saxby C L, Tat P K, Johansen J T. 2000. Measuring consumer perceptions of procedural justice in a complaint context[J]. The Journal of Consumer Affairs, (34): 204-216.

Scott M E. 2006. High transmission rates restore expression of genetically determined susceptibility of mice to nematode infections[J]. Parasitology, (9): 669-679.

Shui H. 2008. The synergy governance and its realization in China-analysis from the social capitalist theory[J]. Journal of Southwest University (Social Science Edition), (3): 102-106.

Snell D, Schmitt D. 2012. It's not easy being green': electricity corporations and the transition to a low-carbon economy[J]. Competition and Change, (1): 187-205.

The World Bank. 2006. China Farmers Professional Associations Review and Policy Recommendations, East Asia and Pacific Region[M]. Washington DC: The World Bank: 78.

Townsend R E. 2010. Transactions costs as an obstacle to fisheries self-governance in New Zealand[J]. The Australian Journal of Agricultural and Resource Economics, (54): 78-96.

Tribe K. 1984. Cameralism and the science of government[J]. Journal of Modern History, (56): 263-284.

Varki S, Mark C. 2001. The role of price perception in an integrated model of behavioral intention[J]. Journal of Service Research, (3): 232-240.

Verma A, Seth N. 2011. A conceptual framework for supply chain competitiveness[J]. International Journal of Human and Social Sciences, (1): 5-10.

von Mises L. 1949. Human Action: A Treatise on Economics[M]. San Francisco: Fox & Wilkes.

Wagner E. 2005. Self-governance, polycentrism, and federalism: recurring themes in Vincent Ostrom's scholarly oeuvre[J]. Journal of Economic Behavior & Organization, (57): 173-188.

Walker G, Poppo L. 1990. Transaction costs in organization and markets[R]. Philadelphia: Reginald H Jones Center, Wharton School, University of Pennsylvania.

Wathne K H, Heide J B. 2000. Opportunism in interfirm relationships: forms, outcomes, and solutions[J]. Journal of Marketing, (4): 36-51.

Williamson O E. 1985. The Economic Institutions of Capitalism[M]. New York: The Free Press: 121-129.

Wright G, Czelutsa J. 2002. Resource-based economic growth, past and present[D]. San Franciso: Stanford University.

Xie J, Yue W, Wans S. 2011. Quality investment and price decision in a risk-averse supply chain[J]. European Journal of Operational Research, (2): 403-410.

Zadek S. 2006. The logic of collaborative governance: corporate responsibility[J]. Accountability and the Social Contract, (3): 21-30.

附录一 青藏地区冬虫夏草产业链治理问卷调研表

一、情况介绍

为了完成国家软科学研究计划基金项目"青藏地区冬虫夏草产业链治理研究"的研究任务，我们设计了本问卷。对问卷得到的信息我们严格保密，这些信息只服务于课题研究，除此之外绝不会将其用于其他用途。非常期望得到您的支持，在此致以深深的谢意!

二、调研对象的基本信息

编号		问卷填写日期	
单位（个人）名称		地址	
您在该处的工作年限		籍贯	
文化程度		年龄	
性别		答题时间	

三、说明

填写的问题分为变量、测试语句和打分项三项。变量表示本书的测试项目；测试语句主要反映对被测项的直观表达；数字1、2、3、4、5是对测试语句的认同进行量化的值，1表示很不认同、2表示不认同、3表示基本认同、4表示认同、5表示很认同。请根据您对变量和测试语句的判断，在每项后面的分值中打分（在选定的分值上打√）。

变量	测试语句	打分项
家庭平均年龄	18～25 岁	是：1（　）否：0（　）
	26～35 岁	是：1（　）否：0（　）
	36～45 岁	是：1（　）否：0（　）

续表

变量	测试语句	打分项
家庭平均年龄	46～55 岁	是：1（　） 否：0（　）
	56～60 岁（含 60 岁以上）	是：1（　） 否：0（　）
性别比例	男性占 50%以上	是：1（　） 否：0（　）
	女性占 50%以上	是：1（　） 否：0（　）
家庭规模	1 人	是：1（　） 否：0（　）
	2 人	是：1（　） 否：0（　）
	3 人	是：1（　） 否：0（　）
	4 人	是：1（　） 否：0（　）
	4 人以上	是：1（　） 否：0（　）
家庭成员中最高文化程度	文盲	是：1（　） 否：0（　）
	小学	是：1（　） 否：0（　）
	初中	是：1（　） 否：0（　）
	高中	是：1（　） 否：0（　）
	大学	是：1（　） 否：0（　）
家庭收入	1 万元以下	是：1（　） 否：0（　）
	1 万～3 万元（含 3 万元）	是：1（　） 否：0（　）
	3 万～5 万元（含 5 万元）	是：1（　） 否：0（　）
	5 万～7 万元（含 7 万元）	是：1（　） 否：0（　）
	10 万元以上	是：1（　） 否：0（　）
冬虫夏草收入	1 万元以下	是：1（　） 否：0（　）
	1 万～3 万元（含 3 万元）	是：1（　） 否：0（　）
	3 万～5 万元（含 5 万元）	是：1（　） 否：0（　）
	5 万～7 万元（含 7 万元）	是：1（　） 否：0（　）
	10 万元以上	是：1（　） 否：0（　）
每年家庭中采挖冬虫夏草的人数	1 人	是：1（　） 否：0（　）
	2 人	是：1（　） 否：0（　）
	3 人	是：1（　） 否：0（　）
	4 人	是：1（　） 否：0（　）
	4 人以上	是：1（　） 否：0（　）

续表

变量	测试语句	打分项
您认为冬虫夏草资源应由谁来保护?	政府	1( ) 2( ) 3( ) 4( ) 5( )
	群众	1( ) 2( ) 3( ) 4( ) 5( )
	个人	1( ) 2( ) 3( ) 4( ) 5( )
	其他组织或专人	1( ) 2( ) 3( ) 4( ) 5( )
造成冬虫夏草越来越少的原因	对冬虫夏草价值的宣传	1( ) 2( ) 3( ) 4( ) 5( )
	退牧还草	1( ) 2( ) 3( ) 4( ) 5( )
	经济利益驱动	1( ) 2( ) 3( ) 4( ) 5( )
	农牧民直接依赖的收入	1( ) 2( ) 3( ) 4( ) 5( )
对冬虫夏草的采集	乱采乱挖	1( ) 2( ) 3( ) 4( ) 5( )
	规范的采集程序	1( ) 2( ) 3( ) 4( ) 5( )
	草原保护的长效机制	1( ) 2( ) 3( ) 4( ) 5( )

注：本表是只针对农牧民的摸底调研；其中文化程度为文盲者为口述调查

附录二 冬虫夏草产业链资源配置模式问卷调研表

一、情况介绍

为了完成国家软科学研究计划基金项目"青藏地区冬虫夏草产业链治理研究"的研究任务，我们设计了本问卷。对问卷得到的信息我们严格保密，这些信息只服务于课题研究，除此之外绝不会将其用于其他用途。非常期望得到您的支持，在此致以深深的谢意！

二、调研对象的基本信息

编号		问卷填写日期	
单位（个人）名称		地址	
您在该处的工作年限		籍贯	
文化程度		年龄	
性别		答题时间	

三、说明

针对下列九种冬虫夏草的情况，在每一种情况中你认为的分值上打√。数字1、2、3、4、5是对测试语句的认同进行量化的值，1表示很不认同、2表示不认同、3表示基本认同、4表示认同、5表示很认同。

青藏地区冬虫夏草产业链智力问卷调研表

种类	资源配置模式	打分
第一种	农牧民—市场—黑市—消费者	1（ ） 2（ ） 3（ ） 4（ ） 5（ ）
第二种	农牧民—市场—大买家—消费者	1（ ） 2（ ） 3（ ） 4（ ） 5（ ）
第三种	农牧民—市场—组织—消费者	1（ ） 2（ ） 3（ ） 4（ ） 5（ ）
第四种	农牧民—企业—黑市—消费者	1（ ） 2（ ） 3（ ） 4（ ） 5（ ）
第五种	农牧民—企业—大买家—消费者	1（ ） 2（ ） 3（ ） 4（ ） 5（ ）

种类	资源配置模式	打分
第六种	农牧民—企业—组织—消费者	1（　）　2（　）　3（　）　4（　）　5（　）
第七种	农牧民—政府—黑市—消费者	1（　）　2（　）　3（　）　4（　）　5（　）
第八种	农牧民—政府—大买家—消费者	1（　）　2（　）　3（　）　4（　）　5（　）
第九种	农牧民—政府—组织—消费者	1（　）　2（　）　3（）　4（　）　5（　）

附录三　青藏地区冬虫夏草多中心治理问卷调研表

一、情况介绍

为了完成国家软科学研究计划基金项目"青藏地区冬虫夏草产业链治理研究"的研究任务，我们设计了本问卷。对问卷得到的信息我们严格保密，这些信息只服务于课题研究，除此之外绝不会将其用于其他用途。非常期望得到您的支持，在此致以深深的谢意！

二、调研对象的基本信息

编号		问卷填写日期	
单位（个人）名称		地址	
您在该处的工作年限		籍贯	
文化程度		年龄	
性别		答题时间	

三、说明

填写的问题分为变量、测试语句和打分项三项。变量表示本书的测试项目；测试语句主要反映对被测项的直观表达；数字1、2、3、4、5是对测试语句的认同进行量化的值，1～5表示测试语句程度由低到高。请根据您对变量和测试语句的判断，在每项后面的分值中打分（在选定的分值上打√）。

变量	测试语句	打分项
资源保护	资源保护政策	1（ ） 2（ ） 3（ ） 4（ ） 5（ ）
	资源的可持续利用	1（ ） 2（ ） 3（ ） 4（ ） 5（ ）
	资源的采挖程度	1（ ） 2（ ） 3（ ） 4（ ） 5（ ）
农牧民行为	增加收入	1（ ） 2（ ） 3（ ） 4（ ） 5（ ）
	生态保护	1（ ） 2（ ） 3（ ） 4（ ） 5（ ）
	投机	1（ ） 2（ ） 3（ ） 4（ ） 5（ ）

续表

变量	测试语句	打分项
市场行为	正当营销	1（　） 2（　） 3（　） 4（　） 5（　）
	合理定价	1（　） 2（　） 3（　） 4（　） 5（　）
	消费者权益保护	1（　） 2（　） 3（　） 4（　） 5（　）
	商品经营者权益保护	1（　） 2（　） 3（　） 4（　） 5（　）
	公平正当竞争	1（　） 2（　） 3（　） 4（　） 5（　）
黑市行为	感知法律制度	1（　） 2（　） 3（　） 4（　） 5（　）
	社会舆论水平	1（　） 2（　） 3（　） 4（　） 5（　）
	执法部门的执法水平	1（　） 2（　） 3（　） 4（　） 5（　）
	牟取暴利	1（　） 2（　） 3（　） 4（　） 5（　）
	心理压力	1（　） 2（　） 3（　） 4（　） 5（　）
消费者行为	时间间隔	1（　） 2（　） 3（　） 4（　） 5（　）
	使用频率	1（　） 2（　） 3（　） 4（　） 5（　）
	解决问题	1（　） 2（　） 3（　） 4（　） 5（　）
	配套产品	1（　） 2（　） 3（　） 4（　） 5（　）
自主治理	制度供给	1（　） 2（　） 3（　） 4（　） 5（　）
	可信承诺	1（　） 2（　） 3（　） 4（　） 5（　）
	相互监督	1（　） 2（　） 3（　） 4（　） 5（　）
	民主的决策制定	1（　） 2（　） 3（　） 4（　） 5（　）
	私人强制权	1（　） 2（　） 3（　） 4（　） 5（　）
	自治范围的详细说明	1（　） 2（　） 3（　） 4（　） 5（　）
	职能体制的详细规定	1（　） 2（　） 3（　） 4（　） 5（　）
协同治理	理性的公民参与	1（　） 2（　） 3（　） 4（　） 5（　）
	沟通	1（　） 2（　） 3（　） 4（　） 5（　）
	交流	1（　） 2（　） 3（　） 4（　） 5（　）
	合作	1（　） 2（　） 3（　） 4（　） 5（　）
政府分权	政府权力下放的程度	1（　） 2（　） 3（　） 4（　） 5（　）
	人性化特征	1（　） 2（　） 3（　） 4（　） 5（　）
	达成一致行动策略	1（　） 2（　） 3（　） 4（　） 5（　）
	参与者的互动过程	1（　） 2（　） 3（　） 4（　） 5（　）

变量	测试语句	打分项
政府分权	能动创立治理规则	1（ ） 2（ ） 3（ ） 4（ ） 5（ ）
	政府分权的积极性	1（ ） 2（ ） 3（ ） 4（ ） 5（ ）
	改变照章办事的规则	1（ ） 2（ ） 3（ ） 4（ ） 5（ ）
	分权能力	1（ ） 2（ ） 3（ ） 4（ ） 5（ ）
大买家行为	净利润偏好	1（ ） 2（ ） 3（ ） 4（ ） 5（ ）
	风险代价	1（ ） 2（ ） 3（ ） 4（ ） 5（ ）
	搜集信息的激励水平	1（ ） 2（ ） 3（ ） 4（ ） 5（ ）
	政府监管力度	1（ ） 2（ ） 3（ ） 4（ ） 5（ ）
	议价能力	1（ ） 2（ ） 3（ ） 4（ ） 5（ ）

附录四　冬虫夏草产业链绿色化治理问卷调研表

一、情况介绍

　　为了完成国家软科学研究计划基金项目"青藏地区冬虫夏草产业链治理研究"的研究任务，我们设计了本问卷。对问卷得到的信息我们严格保密，这些信息只服务于课题研究，除此之外绝不会将其用于其他用途。非常期望得到您的支持，在此致以深深的谢意！

二、调研对象的基本信息

编号		问卷填写日期	
单位（个人）名称		地址	
您在该处的工作年限		籍贯	
文化程度		年龄	
性别		答题时间	

三、说明

　　填写的问题分为变量、测试语句和打分项三项。变量表示本书的测试项目；测试语句主要反映对被测项的直观表达；数字1、2、3、4、5是对测试语句的认同进行量化的值，1表示很不认同、2表示不认同、3表示基本认同、4表示认同、5表示很认同。请根据您对变量和测试语句的判断，在每项后面的分值中打分（在选定的分值上打√）。

变量	测试语句	打分项
生态环境治理	人们的生态忧患意识	1（　）2（　）3（　）4（　）5（　）
	参与意识	1（　）2（　）3（　）4（　）5（　）
	责任意识	1（　）2（　）3（　）4（　）5（　）
	生态教育	1（　）2（　）3（　）4（　）5（　）

续表

变量	测试语句	打分项
生态环境治理	勤俭节约	1（　） 2（　） 3（　） 4（　） 5（　）
	绿色低碳	1（　） 2（　） 3（　） 4（　） 5（　）
	文明健康的生活方式	1（　） 2（　） 3（　） 4（　） 5（　）
	文明健康的消费方式	1（　） 2（　） 3（　） 4（　） 5（　）
绿色化理念	对生产方式的认同	1（　） 2（　） 3（　） 4（　） 5（　）
	对生活方式的认同	1（　） 2（　） 3（　） 4（　） 5（　）
	对消费方式的认同	1（　） 2（　） 3（　） 4（　） 5（　）
绿色技术创新	绿色技术成果商品化的经济活动效率	1（　） 2（　） 3（　） 4（　） 5（　）
	绿色技术成果公益化的社会活动效率	1（　） 2（　） 3（　） 4（　） 5（　）
产业链的社会责任	产业链各节点的利益享受的合理性	1（　） 2（　） 3（　） 4（　） 5（　）
	产业链各节点经济利益的计算公平性	1（　） 2（　） 3（　） 4（　） 5（　）
	产业链各节点第三方监督的公正性	1（　） 2（　） 3（　） 4（　） 5（　）
	产业链对环境治理的支付力度	1（　） 2（　） 3（　） 4（　） 5（　）
	产业链在资源开发中对自然的宽容度	1（　） 2（　） 3（　） 4（　） 5（　）
绿色文化	人们与自然环境协同发展	1（　） 2（　） 3（　） 4（　） 5（　）
	人们与自然环境和谐共进	1（　） 2（　） 3（　） 4（　） 5（　）
	人们具有可持续发展的文化	1（　） 2（　） 3（　） 4（　） 5（　）
产业链绿色化治理	产业链节点企业之间绿色协同	1（　） 2（　） 3（　） 4（　） 5（　）
	产业链节点企业之间绿色信任	1（　） 2（　） 3（　） 4（　） 5（　）
	产业链节点企业之间绿色共赢	1（　） 2（　） 3（　） 4（　） 5（　）
	内在绿色化服务	1（　） 2（　） 3（　） 4（　） 5（　）
	外在绿色化服务	1（　） 2（　） 3（　） 4（　） 5（　）

后　　记

　　本书在已完成的国家软科学研究计划面上项目"青藏地区冬虫夏草产业链治理研究"报告的基础上，加进了作者长期研究产业链治理的一些成果。写作过程中采用的实证数据完全来自项目支持下的第一手资料。在此，感谢国家软科学研究计划面上项目给予的大力支持。

　　本书的出版，得到贵州财经大学经济学研究文库项目的支持，在此表示深深的谢意！

　　本书在写作过程中还得到贵州财经大学经济学院公司治理与产业链治理研究中心李家凯博士、赵亮博士提供的中肯意见和建议，同时本人的研究生学生何容为完成书稿在文字、表格、目录、章节修改等方面给予了大量的帮助，在此表示感谢。

　　本书在写作中难免有不足之处，还望广大同仁批评指正。